社区治理的理论与实践探索

陈 丹◎著

吉林大学出版社
·长春·

图书在版编目（ＣＩＰ）数据

社区治理的理论与实践探索 / 陈丹著 . -- 长春：吉林大学出版社, 2023.6
ISBN 978-7-5768-1864-2

Ⅰ. ①社… Ⅱ. ①陈… Ⅲ. ①社区管理 – 研究 – 中国 Ⅳ. ① D669.3

中国国家版本馆 CIP 数据核字 (2023) 第 133210 号

书　　名	社区治理的理论与实践探索
	SHEQU ZHILI DE LILUN YU SHIJIAN TANSUO
作　　者	陈　丹　著
策划编辑	殷丽爽
责任编辑	殷丽爽
责任校对	安　萌
装帧设计	守正文化
出版发行	吉林大学出版社
社　　址	长春市人民大街 4059 号
邮政编码	130021
发行电话	0431-89580028/29/21
网　　址	http://www.jlup.com.cn
电子邮箱	jldxcbs@sina.com
印　　刷	天津和萱印刷有限公司
开　　本	787mm×1092mm　1/16
印　　张	12.25
字　　数	200 千字
版　　次	2024 年 1 月　第 1 版
印　　次	2024 年 1 月　第 1 次
书　　号	ISBN 978-7-5768-1864-2
定　　价	72.00 元

版权所有　翻印必究

作者简介

陈丹，女，1987年4月出生于海南省澄迈县，毕业于首都师范大学，硕士研究生学历，海南省首届优秀社会工作人才，海南省拔尖人才，讲师，是海南省社会工作参与基层社会治理的实践者、研究者。现任海南政法职业学院社会工作专业（3+2）专业负责人、海南政法职业学院青少年犯罪与法律援助研究中心执行主任、海南省友善社会工作发展中心理事长。研究方向：社区治理、未成年司法社会工作、老年社会工作。主持并完成海南省社会科学联合会和海南省法学会课题2项、海南省民政厅、海口、三亚、陵水等市县民政系统横向课题10项、发表论文十余篇。

前　言

党的十八届三中全会首次正式使用"社会治理"的概念，提出要改进社会治理方式，坚持系统治理，加强党委领导，发挥政府主导作用，鼓励和支持社会各方参与，实现政府治理和社会自我调节、居民自治良性互动。这标志着党和政府的社会建设理念进一步走向现代化，也为如何创建新的社会治理体系指明了方向。2017年6月12日《中共中央　国务院关于加强和完善城乡社区治理的意见》（以下简称《意见》）发布。《意见》是为实现党领导下的政府治理和社会调节、居民自治良性互动，全面提升城乡社区治理法治化、科学化、精细化水平和组织化程度，促进城乡社区治理体系和治理能力现代化提出的。城乡社区治理事关党和国家大政方针贯彻落实，事关居民群众切身利益，事关城乡基层和谐稳定。

我国城乡社区治理的体制和机制改革已经取得了很大进展，但仍然存在很多问题。造成问题的原因是多方面的，既有原来体制的惯性作用，也有文化传统的影响，还包括社会发育缓慢的因素。我们要了解治理理论的产生背景，掌握治理理论的含义及其与统治概念的区别，重点掌握社区治理理论的含义、社区治理理论的产生背景以及与社区治理相关的范畴。在理论的基础上创新实践策略，为社区治理探索出一条高效的实践道路。因此，推进社区治理的事业任重道远。要达到社区善治的目标，关键在于改变过度倚重行政动员和社会控制的方法，寻求政府指导、社区自治、居民参与、共建共享的社会化的合作治理模式。

本书共分为六章：第一章内容为社区概述，主要介绍了社区的概念与功能、社区的变迁以及社区问题；第二章内容为社区治理概述，分别介绍了治理理论的提出与背景、社区治理的内涵以及社区治理的主体；第三章内容为社区治理体制的历史变革，对社区治理体制的含义和单位制、街居制与社区制以及社区治理体制改革的总体框架展开了论述；第四章内容为社区治理的实践模式，主要分析了社区治理模式的内涵及构成要素、社区治理模式的国际经验以及我国社区治理的实践模式；第五章内容为社区治理的实践探索，分别论述了社区治理中的社区公共事务、社区治理中的社区商业服务以及社区治理中的社会工作方法；第六章内容为社区治理中的社区自治和公民参与，主要介绍了社区自治地位的法律依据、社区自治组织的形式和职能以及社区志愿组织及活动。

在撰写本书的过程中，笔者得到了许多专家学者的帮助和指导，参考了大量的学术文献，在此表达真诚的感谢。但由于笔者水平有限，书中难免会有疏漏之处，希望广大同行及时指正。

陈丹

2023 年 1 月

目 录

第一章 社区概述 1
    第一节 社区的概念与功能 1
    第二节 社区的变迁 10
    第三节 社区问题 22

第二章 社区治理概述 28
    第一节 治理理论的提出与背景 28
    第二节 社区治理的内涵 45
    第三节 社区治理的主体 48

第三章 社区治理体制的历史变革 57
    第一节 社区治理体制的含义 57
    第二节 单位制、街居制与社区制 59
    第三节 社区治理体制改革的总体框架 76

第四章 社区治理的实践模式 78
    第一节 社区治理模式的内涵及构成要素 78
    第二节 社区治理模式的国际经验 81
    第三节 我国社区治理的实践模式 83

第五章 社区治理的实践探索 ··········· 96
第一节 社区治理中的社区公共事务 ··········· 96
第二节 社区治理中的社区商业服务 ··········· 125
第三节 社区治理中的社会工作方法 ··········· 141

第六章 社区治理中的社区自治和公民参与 ··········· 164
第一节 社区自治地位的法律依据 ··········· 164
第二节 社区自治组织的形式和职能 ··········· 166
第三节 社区志愿组织及活动 ··········· 174

参考文献 ··········· 184

第一章　社区概述

社区的概念、社区的基本要素以及社区和人们生活的关系等问题都是我们学习社区治理理论和开展社区治理实务的基础。本章内容为社区概述，主要介绍了社区的概念与功能、社区的变迁以及社区问题。

第一节　社区的概念与功能

一、社区的概念

（一）社区的定义

社区的概念不是最近才出现的，在早期的人类社会中就有社区的存在，社区严格来说是一种社会生活单位，具有较长的发展历史。近年来，我国越来越重视社区研究和社区建设。人类社会自诞生以来，人们就是以社区的模式来群居生活的。在人类社会中，社区发挥着十分重要的作用，对人类来说，社区有着非常重要的意义。

古代社会的人们通过群居生活，加强团结与合作，以便更好地获取食物，获得生存的空间。通过长期的合作与交往，人与人之间能够形成自然的情感联系和心理认同，逐渐形成本群体共同的文化习俗，建立群体共同的道德规范，还会形成一定的社会组织，为人们提供相应的服务，这就是我们常说的社区。有学者认为社区是自然的过程，为了实现利益的最大化，人们集结成群。

"德国社会学家腾尼斯（Toennies）早在1887年就探讨过古代社区群落和现代社会的分别，用Gemeinschaft（礼俗社会）一词来描述传统社区关系，而用Gesellschaft（法理社会）一词来描述现代社会关系。"[①] 古代的社区关系比较隐晦，

---

① 陈辉. 社区治理[M]. 南京：南京师范大学出版社，2019.

常处于潜意识状态，人们并没有特别强烈的意识，而是自然而然地生活在一起，没有经过设计。在现代社会中，人们对社会关系保持着较强的敏感性，经过严密的、理性的设计来开展活动，所有的行为都有着特定的目的，在行动前往往会经过仔细计划。在现代条件下，提升社区群体的共同意识是非常重要的，除此之外，还要避免陷入完全理性设计的个体化状态。

20世纪30年代，美国部分社会学家对城市区街的发展进行了独立的研究，区位生态学的概念被首次提出，指出在城市发展过程中区位对人类组织和人类关系会产生一定的影响，使得人类关系更为复杂，人类组织呈现分化性的特点。这一时期的人们对社区的认识还比较有限，局限于社区是社会团体中人和社会制度的地理分布特征。

20世纪五六十年代，联合国进行了一项研究，研究对象为发展中国家的农村社区发展情况，在一定程度上促进了社区研究的发展。美国部分学者认为社区与整个社会存在着密切的关系，社区是社会的微观缩影，社区既依赖于社会，又保持着一定的独立性，社区是一个地域社会实体。在现代社会中，社区依然具有较为明显的共同合作性，并且现代社会更有助于社区的发展，能够为社区提供良好的技术支持，还能给社区提供发展资源。现代社会中的社区能够更加充分地发挥共同体的合作团结精神，使社区更具创造性。

总的来说，所谓的社区指的是由一定数量的成员组成的、具有共同需求和利益的、形成频繁社会交往互动关系的、产生自然情感联系和心理认同的、地域性的生活共同体。古代社会中的社区界定比较简单，主要原因在于群体具有一定的稳定性，常年居住在特定的地理范围内，与别的群体界限分明。在同一个群体内，人们的交往非常密切，通过合作和交换来保证人们的利益，使人们的需求得到满足，在这样的条件下，群体对社区具有强烈的归属感和显著的认同感。随着现代化进程的加快，交通建设的日益完善，工业生产的效率不断提升，人口流动的加快，使得人们生活的需求越来越多样化，单纯的社区已难以满足人们的需求，人们生活的需求逐渐扩散至更大范围的社会中去，打破了人们社会交往的范围和界限，给群体内的情感联系造成了一定的影响，使人们的心理认同越来越弱化，群体内的文化习俗和道德规范变得越来越松散，在一定程度上也增加了界定社区概念的难度。

(二)社区的基本要素

针对社区定义的问题,美国学者提出了这样的观点,"构成社区的四个基本要素的观点:人口、地域、社会互动以及共同的依附归属感。"[1]

人口是构成社区的第一个基本要素。社区要想成立,必须满足一定的人口条件,没有人就难以构成社区。这里需要注意的是,社区与地区是两个不同的概念,地区这一概念是从地理角度界定的,不管有没有人,地区都能够存在;而社区这一概念是从人类社会学角度界定的,只有具备了人口这一条件,社区才能成立。

地域是构成社区的第二个基本要素。传统社会中的社区是建立在一定的地理区域之中的,由此形成的社区是比较封闭的。随着经济的发展和社会的进步,社区对外联系越来越频繁,封闭性逐渐弱化,对外的联系甚至超过了社区内的交往,由此也使得部分人产生了错误的认知,认为地域与社区的关系越来越分离,网络逐渐取代了地域的位置,人们处于一个独立于特定空间界限的利益共同体中,这种利益共同体也可以说是一种特殊的网络。事实上,人们在划分社区属性时,往往将地理社区和网络功能社区区分开来,两种社区属性代表了社区演变的一种过程和趋势,在现代社会,我们不仅要重视传统的地理社区的建设和治理,还要重视建设网络功能社区,使其发挥作用。

社会互动是构成社区的第三个基本要素。一般来说,社会互动主要分为两类:一类是正式组织化互动;另一类是非正式的自然交往互动。两种社会互动同时存在于同一社区内是很常见的事情。举例来说,社区往往具备商店、学校、工厂、银行、医院等机构,这些机构为成员提供相应的服务,以满足成员的生活需求,和这些机构的交往就属于正式的、组织化的交往。不仅如此,社区内还会形成一个自然交往网络,包括人们的习惯、利益、兴趣等内容,为了满足自己的需求和愿望而开展一些活动,这些社会交往就是非正式的社会交往。不管是正式组织还是非正式的共同联系纽带,都需要社会交往,这样人们才能结为一个共同体,以此来实现人类的需求,这也体现了社区的整体功能。增强人们之间的交往,构建社区共同体,是社区治理和社区建设的核心内容。

共同的依附归属感是构成社区的第四个基本要素。共同的依附归属感也可以

---

[1] 陈辉. 社区治理 [M]. 南京:南京师范大学出版社,2019.

称为"心理上的认同"。长期生活在一起的人们为了满足自己的需求,通常会形成习惯的方式,长此以往,人们会对某个社区产生归属和依赖,对互动交往的人产生心理上的认同。另外,我们也要看到现代社会具有明显的流动性,这就削弱了人们对社区的归属感和认同感,人们容易感到孤独。基于此,增加人们的交往互动,增强人们的归属感和认同感,是社区建设和治理过程中的重要任务。

(三)社区的基本分类

社区的分类有不同的方式。

1. 根据人们之间联系的方式或属性进行的社区分类

美国学者对社区类型进行了深入研究,提出了社区类型主要包括基于地理或空间属性的社区、基于身份或利益属性的社区和基于个人网络的社区三种。历史最久的社区概念就是地理社区,在人们的流动性还不是特别明显之前,在技术发展水平还比较落后时,地理空间对社区的限制比较明显,这一时期的社区是地理性社区。一个村落可以是一个社区,一个集镇可以是一个社区,一座城市可以是一个社区等。在现代社会中,人们的流动性越来越突出,交通通信技术越来越发达,这些因素有助于人们构建跨地域的社区,基于此,在考虑地理社区时,需要分析形成社区的其他方式。

社区并不一定是根据地理因素形成的,如身份和利益社区,另外还存在着很多非地域社区,这些社区也被人们称为"功能社区"、"精神性社区"等。这些社区的形成基础多种多样,可以基于生活方式、社会阶级、专业、就业类型等。功能社区或身份利益社区的形成有着重要的目标,就是维护人们的共同利益,通过集体的努力来争取群体的利益,为维护集体的身份而采取一定的行动。

所谓个人网络社区,可以理解为基于个人的主观连接的群体而形成的社区。现代社会中的个人,兴趣爱好越来越多元,并且拥有结社自由,人们构建的个人网络可以是在地区中,也可以进行超地区联络。随着互联网技术的迅速发展,人们的交往越来越频繁,联系越来越紧密,拓宽了人们自由联系的范围。

2. 根据人们之间的联系强度进行的社区分类

(1) 面对面的街区

面对面的街区其范围一般是一条街,居民彼此熟悉,相互了解。

（2）具有共同感的邻里关系

具有共同感的邻里关系的居民具有共同的社区利益，能够一致应对外来威胁，范围一般是城市某个街区。

（3）标准社区

标准社区具有鲜明的特征，配备了综合性服务设施。

（4）扩大的社区

扩大的社区主要指城市的某个区域。

3. 根据形成方式或形成历史进行的社区分类

西方乡村社会学家深入研究了农村社区的情况，提出了社区划分的不同标准。贾尔宾是美国著名的社会学家，他提出了划分乡村社区的标准是乡村贸易圈。桑德逊（Sanderson）提出了与之不同的划分社区边界的标准，划分的依据就是社区中各项服务的覆盖区域。我国当前阶段对社区的划分也采用这种方式，通俗来讲，就是根据社区中居民的居住方式、社区资源的利用形式、社区功能的发挥形式来作为划分社区的界限，将社区具体划分为新建小区、传统老居民区、城乡接合部外来移民居住区等。

二、社区的功能

社区作为一种生活共同体，在满足人类需求、提升人类生活品质的过程中发挥着重要的功能和作用。社区的功能其实就是人类作为一个社会群体所发挥的功能。

（一）社区功能的划分

根据不同的侧重点和思考角度，划分社区的功能有不同的方式。有的学者认为社区的功能主要分为商业服务功能、医药服务功能、教育服务功能、娱乐服务功能、交通服务功能等；还有的学者从整体上划分了社区的功能，主要包括生产分配、消费功能、社会化功能、社会控制功能以及社会参与五项功能；还有学者将社区的功能分为八大类，分别是经济功能、政治功能、教育功能、卫生功能、社会功能、娱乐功能、宗教功能、福利功能等；当前阶段对社区功能划分最新的观点是：社区可以作为一个交际场所，便于人们沟通与交流，使人们之间的联系更为密切，社区也可以是一个人际影响的中心，社区还能为组织的发展提供基础条件，另外，社区也可以成为一个参照团体，或者是作为一个身份的场所。

（二）社区功能的历史演变

上述不同的划分都有一定的道理，但是我们要从社区作为一个人类生活共同体及其历史变迁的角度来认识社区的功能。首先应明白，人作为社会成员，是一种社会存在，所以人的心理形成和需求产生都是一个社会过程，当然人的需求的满足也都是通过社会过程来实现的。根据亚伯拉罕·马斯洛（Abraham Maslow）的观点，人的需求一般意义上可以分为五个等级：生理需求、安全需求、归属和爱的需求、自尊的需求和自我实现的需求。这些需求的满足和实现都要通过一定的社会方式。可以根据人类需求的不同层次划分社区的不同功能。

在原始社会时期，人类要想实现自身的需求，需要采用社区的集体合作方式，这一时期社区发挥着人类社会生活需要的所有功能，从某种意义上来说是一个全功能社区。此时社区的功能是丰富多样的，社区能为人们提供物质资料，满足人们的生理需求，发挥着经济活动的功能；社区还能满足人们的安全需求，发挥着防卫的功能；社区还能满足人们的归属和爱的需求，发挥着社会交往的功能；社区还能满足人们的自尊需求，发挥着社会身份和地位分化显现功能；社区还能满足人们的自我价值实现的需求，发挥着政治活动功能；不仅如此，社区还具备满足社会整体存在和维系的社会团结和控制的功能等。

在奴隶社会和封建社会时期，社会的结构分化越来越明显，功能整合水平不断提高，社区的功能发生了一定的改变，一些内化给了家庭组织，一些外化给了社会外部的政治或宗教组织。这一时期社区的主要功能包括经济活动功能、社会交往和参与功能、社会团结和控制功能、社会服务和保障功能等。

在现代社会中，随着现代化水平日益提高，工业化、市场化和城市化的过程给人们的社会生活方式带来了很大的影响，使得社会生活方式出现了新的分化，功能整合水平进一步提高。原来社区主要发挥着经济活动功能、社会服务功能、保障功能等，现代化使得社区的功能发生了很大的转变，逐渐超出了社区的范围，具备了更多的市场化和社会化的功能。社区只保留了社会交往和参与功能、社会团结和控制功能。但是社区功能的变革不是绝对的，也不是一致的，每个地区的现代化发展程度不同，在文化传统等方面存在着显著的差异，这些因素都会影响社区的功能和作用。

（三）当今社区功能的特点

1. 当代农村社区的功能

（1）经济功能的市场化和行政化

农村严格来讲属于自然地理的社区，农村地区往往具备丰富的自然资源，村民通过开发、利用自然资源能够维持基本的生计，实现村民生存需求。在农村社区中，自然经济活动的表现是多种多样的，如农耕生产、渔业捕捞、牧业养殖等。现代农村的经济活动已经有了很大的改变，传统的自给自足的自然经济模式得到了改革，与外部市场经济体系产生了紧密的联系，也与国家行政组织体系产生了紧密的联系。从总体上来说，农村社区的经济活动发展程度有限，大部分是为了满足本社区成员的直接需求，剩下的用来进行市场交易。

（2）社会交往和参与功能的向心性

农村社区具备社会交往和参与功能，但这项功能的发挥主要围绕本村社区，表现的方式也是比较多样的，如邻里之间的闲话家常、朋友间的休闲娱乐等，或者是开展文化庙社活动等。社会交往和参与活动大多在一个村落里进行。现代社会的乡村具有比较强的开放性特征，这也就使得社会交往和参与活动可以延伸到更广范围的乡村地区开展。通过开展此类活动，乡村百姓能够更加认同社区。

（3）社会团结和控制功能的情理性

乡村社区同样具备社会团结和控制的功能，这一功能的基本措施也主要是围绕农村社区展开。一般来说，上级权威机构会制订相关的制度规范来促进乡村社区的社会团结，但是乡村社区内部会产生内在的文化道德规范，有助于维护乡村社区的团结。另外，在乡村社区的内部还会产生群体间的社会纽带关系，这有助于乡村社区发挥社会团结和控制的功能。在社会学中存在着这样的观点，乡土社区的社会团结和控制的纽带是文化道德规范，以及在内部产生的社会群体间的关系，而不是法治，通俗来讲，就是乡土社区的社会团结和控制功能依靠情理社会关系，而不是法理社会关系。

（4）社会身份分化和显现功能的日益冲突

传统乡村社区社会身份的分化和显现具有自身特点，主要表现在两方面：一方面是地位分化不太明显；另一方面是身份显现比较明显。具体来讲，就是传统乡村社区具有较强的稳定性，社会成员之间存在着较多的共性，地位分化不太明显。然而，对于同一个社区的成员来说，其身份差异和身份竞争会表现得比较明显。随着现代化进程的推进，乡村社区中的精英阶层开始谋求更大的发展空间，逐渐从乡村社区中脱离出来，进入城市谋求发展，导致乡村社会阶层的差距越来越大，阶层间的关系转变为明显的经济契约关系，并且阶层间的矛盾越来越突出，乡村社区中的身份显现变成了阶层间的对立。

（5）社会互助和保障功能的继续维持

在早期，乡村社区的社会互助和保障功能发挥着十分重要的作用。在现代社会中，保障制度的设计是为了改善工业社会无产阶级群体的生存状况，普遍实行的是社会保险制度，或者靠财政支持的家庭收入维持制度。土地资源可以看作农村社会农业生产者的基本生存保障基础，对农民形成保障作用的主要是家庭责任，另外，社区互助系统也具备保障功能。伴随着国民经济的发展，国家综合国力的提升，国家也应把对农民的保障纳入国家的社会责任中，具体来讲，就是在国家社会服务和保障体系中，加入农民家庭收入维持、社会医疗以及教育的保障。

（6）文化延续和精神寄托功能的连贯性

乡村社区，蕴藏着社区的文化延续和精神寄托功能，并且乡村社区比城市社区更好地保留了文化和精神信仰。在乡村社区中，大量的传统习俗和仪式在代代相传之下已经成为一种文化模式，成为村民的精神信仰，赋予了人们生存的意义。现代社会的发展给乡土社区的传统文化带来了一定的不利影响，这是因为现代社会信息传播速度较快，使得文化的商品化属性越来越突出，冲击了乡土社区的传统文化，减弱了传统文化在村民生活中的意义。但是，在乡土社区中存在着紧密的人际关系，以及特定的生存环境，有助于传统文化的延续，为传统文化的接纳提供了良好的条件。现在中老年村民比年轻人要更加虔诚地遵循传统文化，他们投入了更多的精力。

2. 当代城市社区的功能

（1）经济功能和保障功能的融合

众所周知，城市社区具备经济功能，但对于经济功能的解读众说纷纭。部分学者认为城市社区的经济功能就是社区内的各项经济活动的项目，这些经济活动为社区居民提供了大量的就业机会，增加了社区居民的收入，但是社区不一定是这些经济活动的经营者和控制者，这些经济活动主要依靠市场化的经营方式，社区为经济活动的开展提供便利条件，将各种经济资源引入社区，为经济活动营造良好的环境。还有部分学者认为社区经济主要指的是社区居民可以参与决策管理的各种经济活动，包含多种多样的形式，如社区合作社、社区居民举办的经济体、社区居民争取的外部经济援助等。在这里，我们更加倾向于城市社区的经济功能主要在于为基层社区居民提供参与决策和管理社区经济体的场合，城市社区内的经济体具有稳定性，能够为社区居民提供工作机会，增加社区居民的收入。

（2）社会交往和参与功能的选择化

在城市社区内，交通发达，通信便捷。相比于农村社区，城市社区内的人口流动性更强，由此看来，城市社区居民的社会交往空间更加广泛，选择机会更多。在选择社交网络时，人们有更多的自主权，对城市社区地域性的关注越来越淡化，认为城市社区的一个基本要素是个人化的社会网络。

（3）社会团结和控制功能的弱化

在城市社区内，社会交往和参与网络具有明显的选择性，跨越了地域的限制，城市社区的社会团结和控制功能不断弱化，传统的维持社会团结的纽带发生了改变，由靠情感和道德维持转变为靠理性和法制维持，社会团结逐步发展成为社会分工整合。但是城市社区社会团结和控制功能弱化不代表城市地理社区无法整合，而是意味着社区的团结和整合需要依靠现代社会的民主方式和理性方式实现。

（4）社会身份分化和显现功能的强化

在城市社区中，社会地位分化和身份显现功能有着较为典型的发展趋势，即社区间的差异大于社区内部的差异，主要原因是城市社区具有较强的流动性，使得社区之间的差异比较明显。一个城市会出现分化，出现高档住宅区、旧城区以及城乡接合社区等，其中高档住宅区主要是富人比较集中的地区，旧城区主要是老居民区比较集中的地区，城乡接合社区主要是外来移民集中的地区。城市社区内部的居民在收入、工作性质、文化教育等方面具有比较强的同质性，成员之间的身份差异逐渐减弱了。

（5）社会保障和服务功能的外部依赖

在城市社区中，居民的生产活动流动性比较强，同时也具备一定的风险，大家庭和社区关系逐渐减弱，城市居民的社会保障和服务功能对外部依赖比较明显，主要靠体制化的制度和专业，社区内部的保障和服务功能发挥的作用比较有限，更多的是补充和辅助功能。随着社会的发展，人们更加深刻地反思现代社会的福利制度，将投资性积极的社会政策与社区增权式发展相结合。

（6）文化延续和精神寄托功能的多元化

在农村社区，文化延续和精神寄托功能对传统有较强的依赖性，而城市社区的文化延续和精神寄托功能具有多元性和繁荣性特征。在选择文化活动和精神追求方面，人们有自由选择的权利，不仅可以继承和创新传统文化，还可以吸收和改革外来文化，或者也可以交融和杂合中外文化；可以钟情于灵性的宗教信仰，也可以喜爱世俗的大众娱乐，还可以追求刺激的极限挑战；可以选择保守的传统文化，也可以追求曲高和寡的高雅艺术，或者选择另类的边缘文化形式。

第二节　社区的变迁

社区本来是对传统社会中的地域共同体的概括，但是随着社会的发展，社区也在发生着变迁，尤其是中国社会正处在社会转型和体制转变的急剧变革时期，不管是农村社区还是城市社区都发生着深刻的变化。

一、传统社区与现代社会的基本差异

传统社区指的是长期稳定地生活在一起的地域社区，一般多指农村社区，同时也包括稳定的城市老居民区。在现代社会中，占支配地位的是城市的工商业区域，城市工商业注重理性的选择，同时具有比较强的流动性。在传统社会，社区形态是一种长期稳定的地域共同体，这种地域共同体是自然而然产生的，一般通过血缘和亲缘关系来维持人际关系，社区的纽带是情感和习俗。而在现代社会中，契约性社会组织比较普遍，为了实现共同的目的，人们在理性和算计的基础上做出相应的选择，维持人际关系的纽带。

1893年，法国社会学家埃米尔·迪尔凯姆（Emile Darkheim）提出了这样的

观点,"传统社会的人际关系是一种机械关系,现代社会的人际关系是一种有机关联。"[1]这里的机械关系可以理解为传统部落社区,成员之间存在着微小的差异,具备同样的道德准则和情感,社会协调一致,为了防止社会关系的分裂,避免出现社会斗争,更好地维护社会稳定,保持社会团结,通常利用集体意识来控制个人意识。这里的有机联系可以理解为现代社会的生产分工越来越细化,个人在社会生活方面的差异也越来越明显,独立意识越来越强,集体意识对个人意识的掌控力越来越弱,维持社会团结和秩序的主要方式是社会成员之间的相互合作。

"20世纪初期,德国社会学家韦伯在《经济与社会》《新教伦理与资本主义精神》等书中,紧紧围绕传统社会向现代社会转变的理性化过程展开研究。现代社会的理性主义不是实质性的价值理性,而是所谓的技术理性,具体是指人们围绕特定的目的选择最合理的方式和手段来实现自己的目的。"[2]随着理性主义的发展,人们逐渐摆脱了传统社会宗教的束缚,产生了世界范围内的启蒙,为现代社会行动模式的发展奠定了基础。西方的新教伦理为这种技术理性的发生提供了理论根基。比如,加尔文教派提出了命定说,认为人的命运是上帝早已决定了的,人在现世的努力是在完成上帝的天职,增加上帝的荣誉,所以需要最大限度地节俭和禁欲,这种精神在其他宗教中没有,所以现代资本主义只在欧洲国家和受新教影响的美洲大陆发生,而世界上其他地区则没有发生。马克斯·韦伯(Max Weber)进一步分析了传统社会和现代社会的人的行动模式、组织方式等,提出了传统社区生活的宗教神秘性和皇亲贵族身份的世袭性,进而认为传统社区生活的政治权威是神圣化的和具有世袭性的,它的社会稳定基础取决于社会成员身份的相关性、资源分配的不平等性和社会分层的流动性强弱。当符合社会成员的身份高度集中、资源在社会等级间的分布很不平等、社会阶层间的流动性很低这三个条件时,传统社会的统治的合法性程度降低,导致被统治阶层的不满,如果恰逢一个魅力型领袖出现能把大家组织起来,就会引起社会冲突和革命的发生。当革命成功后,社会可能仍然回到传统的以身份归属为基础的不平等模式下,这就陷入了传统的常规化模式之中。

---

[1] 埃米尔·迪尔凯姆. 社会分工论[M]. 张鹏, 译. 长春:吉林出版集团股份有限公司, 2017.
[2] 塞巴斯蒂安·古兹曼, 詹姆斯·希尔. 解析马克斯·韦伯《新教伦理与资本主义精神》[M]. 杨静, 译. 上海:上海外语教育出版社, 2019.

第二次世界大战之后，部分学者提出了模式变量概念，通过这一概念明晰了传统社会和现代社会的差异。行动者进行社会互动时需要面对五个问题，分别是情感问题、权利义务问题、价值评判标准的适用性问题、价值评判标准的选择问题和行动者的利益目标问题，这五个问题与人格系统一一对应。还有的学者概括了传统社会和现代社会的特征，指出传统社会和现代社会存在着八项对立，具体来讲就是：第一，在政治组织、经济组织和教育组织等组织单位的专业化方面，现代社会的组织单位的专业化程度明显高于传统社会；第二，现代社会的组织具有比较高的专业性，组织的功能需要相互依赖，传统社会的组织单位大部分都能自给自足，不需要分化功能；第三，现代社会的伦理比较普遍，传统社会的伦理具有一定的特殊性，家庭亲属关系比较普遍；第四，在现代社会中，国家权力虽然是集权的，但不具备专制色彩，在传统社会，国家权力比较分散，但专制色彩浓厚；第五，在现代社会中，关系呈现理性、普遍、感情中立、功能有限的特征，在传统社会中，关系呈现传统、个别、感情色彩浓厚、功能无限的特征；第六，在现代社会中，交换媒介比较发达，市场体系比较健全，在传统社会，交换媒介不发达，市场体系不健全；第七，在现代社会中，科层组织比较完善，在传统社会中，科层组织比较少，并且以个别性社会关系为基础；第八，在现代社会中，家庭功能不断减弱，这是因为家庭逐渐向小家庭发展，在传统社会中，家庭结构比较复杂，家庭功能多种多样。

当然，上述基于传统和现代的二分法所做的分析并不是所有人都能接受和赞同。事实上，很多人都对这种传统和现代的二分对立的分析提出了疑问和批判，认为这种二分对立的传统和现代观，在方法论上是一种静态的观念构建，一种非历史的想象，缺乏实际经验的基础，在逻辑上是先有理论观念，后找历史证据；在道德价值上，是以欧洲为西方中心主义的，是一种欧洲中心的傲慢自大表现，是对广大传统社会的多样性和差异性的简单化和矮化；在发展观上是一种简单的线性历史进化论，妄图把西方的发展经验偶然性转化成一种普世的历史必然；在政治关系上，配合欧洲大国沙文主义，试图成为广大发展中国家的率先垂范，试图维持和强化这种不平等的国际政治关系。不过，在我们看来，也没有必要一棒子全部打死所有现代化的研究角度和思考方式，如果不把它当成一种绝对的普遍适用的真理，而是将其当作一种思考传统社会和现代社会的分别的概念，有利于启发思维。但当我们真正去做社区发展和社区治理工作时，就要悬置所有既定的理论成见，开放接纳所有的社区资源，包括传统文化资源、社会特殊人际关系资源、地方性的知识等，同时融合现代西方市场体系的理性思维方式、科层组织方式、普遍公正精神，发动居民的参与和增权，生成一种地方特色的社区治理和发展模式。

二、现代社会社区生活遭受的冲击及其反应

欧洲的基督教文明是现代社会的发源地，随着殖民扩张，现代社会不断向全球其他地区扩展，打破了世界上其他地区的稳定文明，将其他文明逐步纳入资本主义经济体系中。第二次世界大战后，许多原来的殖民地国家和地区都走上了民族独立发展的道路，从而使得广大发展中国家开始了后发外生的现代化进程。所以当我们谈现代社会对传统社区造成的冲击和社区对此所做出的反应时，必须在概念上区分清楚西方国家内生现代模式下的传统社区的演变以及非西方的传统社区在西方现代文明冲击下的演变。

（一）西方社会内生现代化模式下传统社区的演变

大量的关于西方资本主义发生演变的著作都涉及如何理解传统社区的反应和变迁。当然，不同学术范式下的理论对此的具体描述是不一样的。一般认为，涉及社会变迁问题，存在马克思主义理论、系统功能主义理论、文化解释主义和经济发展理论等不同的流派。

根据马克思主义理论，人类社会发展的过程被当作一种客观的、唯物的历史过程，我们无法改变历史发展的规律，只能认识其规律，自觉地遵从规律，更为自觉地促进历史的发展，否则就是阻碍历史的发展。但这种阻碍是短暂的，最终历史发展的客观规律总要显现自己的既定方向。人具有主观能动性，可以在社会实践过程中，逐渐认识社会历史的发展规律，参与历史的发展，创造历史。人类历史发展具有五个发展阶段性的形态，分别是原始社会、奴隶社会、封建社会、资本主义社会和共产主义社会。这五个社会形态依次具有递进性，历史发展的矛盾辩证规律会导致新的先进的社会形态发生于旧的历史形态之中。就西欧国家而言，马克思主义在对待传统社区的态度上是消极否定的，认为传统社区是落后愚

昧的，认为农民存在着小农意识，总是力图倒退，守住传统的一块土地生存资料，缺乏现代产业工人的团结纪律、组织性和革命坚定性，认为传统社区的封建生产关系是一种在人身依附关系基础上的剥削关系，比资本主义生产关系更加残酷和不平等。而对现代资本主义社会，马克思认为首先它具有历史阶段上的先进性，是对封建社会的宗教和皇权贵族统治的革命，极大地促进了社会生产力的发展，创造了丰富的物质财富，是对传统封建社会统治下的封建农奴的解放。但是资本从它诞生那天起就是肮脏的，是靠"羊吃人"的圈地运动剥夺了农民的土地资料，形成了大量的城市无产阶级，为资本主义提供了大量的剩余劳动力和产业后备军。在表面上自由平等的形式法律下，受雇劳动者在生产自己的劳动力的同时，实质上为资本主义生产了资本和剩余价值，促进了资本的积累。尤其令人感到可悲的是，资本主义的生产形式被广大劳动人民合理接受，形成了一些异化了的错误意识，如认为劳动过程是平等的交易，认为工资是工人的劳动报酬，认为商品和货币是价值的本身，进而崇拜商品和货币，崇拜资本，承认现存资本主义秩序的合理性等，丧失了革命斗志，自觉配合资本家阶级的剥削和压迫等。马克思主义强调，从历史发展的内在规律的角度来看，物质资料生产活动才是最根本的基础，生产力发展水平决定着与此相对应的生产关系，而经济基础又决定着建立在其上的上层建筑，但是马克思主义强调意识觉醒对于一个人解放的重要性，它会反过来引导人的行动方向和能动力，从而使人更自觉地投身到社会实践活动中去。

系统功能主义是第二次世界大战后以美国为代表的西方社会学的主流理论模式，将社会系统分为四个层次，从低到高分别为有机体系统、人格系统、社会系统和文化系统。这四层系统之间存在着能量和信息的交换，维系着系统的平衡，从高到低依次提供着信息控制，从低到高依次提供着能量供应。社会四大系统要执行四种功能，具体分工给有机体系统、人格系统、社会系统和文化系统。社会系统中的人格系统需要处理的是行动的动机取向问题，社会系统需要处理的是规范要求问题，而文化系统需要处理的是价值目标问题，然后用五对模式变量属性来表示传统社会和现代社会的分别：情感性／情感中立；扩散性／专一性；特殊性／普遍性；先赋性／自致性；集体性／个人性。后人在此基础上，进一步强化了传统和现代二元对立观点。用系统功能论来分析社会变迁问题，不是像马克思主义那样强调宏观的、综合的历史进步论，而是被当作人格系统、社会系统、文化系统和有机体系统之间的持续分化问题、系统内部的持续分化问题、分化后的新的整合结构出现，以及整个系统及其内部的生存能力的升级问题。这样社会变迁就谈不上什么丰富多彩的特定历史阶段和发展规律，而成了没有历史的抽象系统的持续分化，以及在此基础上的整合和适应能力的提升。

文化解释主义是受德国现象学派和诠释学派的影响，在第二次世界大战后创建的。文化解释主义认为，文化不仅仅为社会系统和人格系统提供沟通的符号资源和价值体系，还进一步主张，文化就是人们生活的全部意义，但是它却是通过各种符号形式表现出来的，在符号的运用中编织意义之网，文化的意义网络不是个人的心理体验，也不是简单的文化图式，而是一个社会群体公众所共同拥有的、在生活中随情景而改变的集体遗产。在文化人类学者看来，社会的变迁之类的大问题需要通过具体的微观的社区事务的详细深度描述来得到阐释，而且还要担心不能进行简单的见微知著的推理，而是强调在具体的案例中对一些社会学中的大概念——合法性、现代化、整合、冲突等进行实在的具体的可创造性的思考，而避免做出简单的理论武断。文化解释学主张，社会变迁的发生不是单一的和谐统一的，如果说社会系统确实存在着人格系统、社会系统和文化系统的分化，那么它们之间的整合关系不是层级间的信息控制和能量供应关系，而是比较复杂的结合关系，正是它们之间的不连续性和冲突关系构成了社会历史变迁的主要推动力量。不能简单地采取经济决定论，把社会历史发展当成一种内在逻辑的外展，长远地预测社会发展的历史趋势，而要采取地方化的相对主义的态度，探讨历史发展的局部经验和具体特点，避免陷入预先决定论。所以文化解释学派并不对任何地区的社会变迁做出任何理论预设的概念化预测，而是对某个具体社区地点的社会行为进行深度描述，以求发现本土的地方性知识，来解释这里正在发生的鲜活的具体变化。

20世纪七八十年代，西方经济学转为重视制度创新在经济发展中的首要推动作用，这里的代表人物首推美国新制度经济学家道格拉斯·诺思（Douglass North）和曼库尔·奥尔森（Mancur Olson）。诺思在《经济史中的结构与变迁》一书中强调，历史上发生的几次经济革命不像人们原来理解的那样是因为技术的进步带来的，而是由于制度的创新所致，如第一次农业革命，人类由游牧狩猎转为定居农业，不是由于农业种植比游牧业技术进步，而是排他性的公有财产制度组织起来的原始农业比非排他性的公有财产制度组织起来的狩猎业的效率高;同样,人类历史上第二次产业革命即机器大工业革命的发生,从根本上来说也由于私有产权制度的演进提高了私人收益率,使之接近于社会收益率,从而大大提高了知识的积累和技术的发明创新,带来了机器大工业的革命。而奥尔森在《国家兴衰探源》一书里,着重探讨了一个国家的制度安排如何影响人们是从事非生产的分配性活动,还是从事生产性的创造活动,当一个国家的制度安排鼓励人们建立众多的利益集团来参与国家财富的分配时,那么这个国家就可能会僵化,甚至会倒退;如果一个国家的制度安排是鼓励人们组织起来,从事生产创造性活动,则会带来国家经济的增长和繁荣。就一般社会学意义而言,现代化主要包括下面五个方面:工业化、城市化、理性化、世俗化、社会组织的分化与整合。它们分别对传统社区生活形成冲击和转变。

第一,就工业化而言,根据马克思主义理论,工业革命打破了传统农村社区的自给自足的小农经济,把大量的农民变成了城市无产者,到工厂受雇为产业工人,获得了人身自由,但是却遭受另一种经济剥削和压迫。另外,城市工商业的发展促进了农村社区的剩余生产物销售和购买城市工业制成品,同时城市工商业扩大了农村闲置土地的开垦,还引导农村乡绅转变奢侈浪费的生活方式,改为投资性的事业。而现代市场经济和国家体制是对农村的原来的道义经济模式的破坏,导致农村社区生活的深层危机,引发农民的反抗和暴动。在原来的农村经济生活中,地主和雇农、佃户之间的关系虽然是人身依附的剥削关系,但是农村社区的道德习惯却使地主和雇农以及佃户之间形成一种互相负责的权利义务关系,农民在此文化情境下的剥削感和公平感是独特的,他们和雇主之间的关系一般来说是比较和谐的。但是随着城市工商业的发展和现代国家体制的基层扩张,雇主与农民的关系变成一种纯粹的经济契约关系,而在农村人口劳动力不断增加的趋势下,削弱了农民的谈判条件,加深了对农民的剥削程度,同时因为不再有传统的社区道义对农民的支撑和对地主的约束,所以农民的反抗和暴动就成为为道义而战的选择。

第二,就城市化而言,一般认为城市化和工业化是伴随的过程,有人甚至认为是先有城市化,后有工商业发展。比如,最早的现代商业城市当是位于地中海的意大利城市威尼斯、热那亚、佛罗伦萨等靠海上贸易形成的早期城市,后来欧洲国家的工商业城市大多也都在水陆交通便利的地区发展起来,这些工商业城市不同于传统的政治中心城市,比较自由和民主,给现代市场经济的形成提供了前提。这些城市的形成和发展壮大,对周边的农村地区形成一种辐射,首先是产品上的交流,其次是对农村地主的吸引,使其变成一种住在城市里消费和投资的不在村地主,最后是对农村破产的小农和贫雇农的吸引,为其提供了一种城市避难地和谋生地。当然这里的一个基本前提是城市对农村的改变,是破坏了农村的道义经济和社区文化导致农村的败坏,还是农村脱贫致富、社区发展的目标归属,这个问题存在着争论,仁者见仁、智者见智。就社区发展专业而言,我们一方面承认城市化过程对农村带来的破坏和掠夺;另一方面主张帮助社区居民选择合适的技术和项目,利用当地资源,积极促进社区的发展。

第三,就理性化而言,理性化被当作现代转变的核心,而且理性化专门是指一种工具目的理性,而不涉及价值理性。理性化造就了现代化的人格行为、人际关系和社会组织类型,但同时理性化却导致世界意义的丢失,人们生活在一个没有意义的沉闷乏味的铁笼子里。就西方社会科学而言,配合理性化的是英国哲学家提出的功利主义生活目标,也就是以个人的社会效用福利最大化为个人和社会追求的目标,而放弃了人生意义等终极关怀问题。理性化对早期西欧国家资本主义而言,确实起到了启蒙作用,配合西方工商业的发展,把个人从局部的社区生活和神秘的宗教生活中解放出来,引到范围广泛的以功利为目标的市场活动之中,而且把日常的市场经济活动和新教伦理主张的奉受天职创造成就联系起来。除了带有宗教情怀的悲观主义之外,马克思主义及后来的法兰克福学派也都不遗余力地批判西方资本主义对人的异化,批判科技理性对日常生活世界的殖民化影响,认为科技理性致使现代人丢失了很多人性的欣赏理解、对话沟通、真诚表露等成分,成为相互利用、相互竞争、追求欲望需求满足的单面人。所以在社区发展和社区治理过程中,关键是如何促进人的全面发展,既要鼓励社区居民的合作团结、相互理解和真诚对待,也要讲求效率、合理分工、节约成本、促进资源的有效利用。

第四,就世俗化而言,它和理性化是一并而来的,从这个层面来讲,理性化与世俗化存在着诸多相同点。从某种意义上来说,世俗化与人道主义类似,表明西欧国家摆脱了中世纪天主教会的束缚,从教堂教会的清规戒律中解放出来,更加注重人的需求和欲望,并将其作为追求的目标,尊重个人基本权利的平等,号召人们追求自由。利用契约方式建立的社会组织体现了较强的理性主义色彩,成员之间能够进行平等协商,具有合理、公正的程序。这些都是西方资本主义发展的前提。但是,世俗化的过度发展就成了庸俗化,人们失去对生命的神圣感和崇敬感,根据感官刺激来寻求心理的满足,以所谓的程序公正掩盖资本主义社会实质的不公平,失去对社会弱势边缘群体的理解和包容。所以同样需要注意,在社区发展和社区治理中如何引导社区抵制现代化对社区的情感联系和互助精神等人际关系的破坏,引导一种既独立自主又互相关怀,既追求机会和程序公正又追求实质性公平的人际关系。

第五,从社会组织的分化和整合角度来分析,功能主义认为社区是一种系统复杂功能升级的形式,可能会出现功能失调,但是系统最终会恢复到较高层次的功能状态,这是因为系统中的相互适应机制和自我平衡机制会发挥相应的作用;批判主义认为社会组织的分化加速了社会体系世界扩张的步伐,所谓的体系世界可以理解为去人性化的机械程序化运作的世界,体系世界不具备反思性,它的扩张带来了一系列不利影响,如导致社会公共领域的畏缩、统治了公共领域,丧失了批判反思体系世界的能力,最终导致整个人类世界的反人性化。

社区是一种组织结构简单、人际关系密切、批判讨论自由、群体规范充满价值的共同体,是一种反体制的生活世界。现代社会的任务就是,如何维持社区生活和公民生活世界免遭体制世界的殖民化,保持对体制世界的批判和反思精神,从而构建体制世界和生活世界的相互制约和相互补充的关系。

(二)发展中国家的现代化过程及传统社区生活的转变

发展中国家的现代化过程属于后发外生类型,与发达国家的早发内生型现代化过程存在着明显的差异。通过对比两种类型的现代化过程,我们可以看到发展中国家的现代化过程存在着较为明显的特点,主要表现为以下四点:一是现代化起步比较晚,与西欧国家的现代化发展时间差距较大;二是现代化的最初动因不是内生的,并且最初的现代化元素也不是内生的,主要来自外部的刺激和输入;三是现代化过程具有明显的人为性,民族精英发挥着十分重要的作用,推动政府加快现代化进程;四是现代化手段充分借鉴和吸收了西方国家技术手段的精髓。

发展中国家的现代化任务紧迫,现代化表现出了明显的理想化色彩,带有一定的盲从性。正是因为发展中国家的现代化过程具有后发外生的特点，给本国的社区生活带来了挑战，使得社区生活的变动较为急速，主要表现在以下四个方面。

第一，其他现代化国家会为发展中国家的现代化过程起到示范的效应，发展中国家的社区精英会积极借鉴其他国家的生活方式，拉大与普通民众的距离，进一步破坏和恶化社区经济关系和社区经济条件。本来传统社区经济活动是一种比较稳定的、有自己社区情感和道德义务的、功能综合的生产活动，居民之间相互合作和支持的关系制约着资本的剥削和压迫。但是随着西方形式法律的引入和市场机制的普及，社区关系也变成去温情化的、理性的交易关系，而这种关系在人口增多的趋势下会逐步压缩社区居民的劳动所得。另外，农村生产的市场化，也导致农产品价格的市场波动，在缺乏保护机制的条件下，会导致农业丰产不丰收，而且整个产业结构的升级，导致农业产品的相对价格呈下降趋势，农民收入越来越少。这要求农村迅速转变传统的自然经济状态，调整产业结构，发展乡镇工商业，但是对于有着强烈农业文明传统的广大乡村而言，乡镇产业转变是陌生的和抵制的。这种转变发生在有着强烈人口生产传统的国家就会对农村经济关系和整个农村生活带来更大的分化。

第二，现代国家权威结构的基层延伸，破坏了传统社区的乡绅治理方式，但是又无法迅速建立民主的村社治理结构，导致基层社区政治秩序的畸形化。在传统社区生活里，乡绅阶层靠自己对社区公共义务的承担和社区文化规范的遵从，从而树立自己的乡村权威，对乡村事务进行民间权威的治理。但是现代国家权威要把法律秩序一并覆盖到所有民族国家的界限之内，并要求转变乡村的治理方式，实行比较法治化的民主政治治理。这种治理方式的转变伴随着国家行政任务的推行，希望从乡村汲取较多的税收和推行国家行政命令，这就必然导致乡村行政人员的增多和乡村负担的加重。但是这种比较现代化的国家政权的基层延伸必然要和传统的社区家族势力和伦理思想延续相碰撞，导致一种杂合的非法治民主、也非伦理道德的乡村社区的治理结构产生。表现为家族势力在乡村政治结构中发挥影响，乡村政治精英通过对上级政治阶层和下层居民的双重利用来追求自身利益的最大化，从而导致乡村伦理道德的衰退及新型人际关系规范的缺位等。

第三，传统社区的稳定性被打破后，社区的互助合作机制被破坏，难以发挥社区的保障作用，而大多数发展中国家的社会保障体系实行的是城乡二元分割的体制，农村社区的基本生活缺乏保障。大部分国家的社会保障体系，都是在经济发展水平达到一定程度后，针对城市产业工人和其他城市居民而设计的，对农村实行的是家庭责任和社区互助合作保障体制。但是，农村社区经济的恶化，农村精英群体的出走，农村治理精英去道德化的利益追求都在破坏着传统农村社区的互助合作机制，容易导致农村贫困群体保障的缺乏，反过来，它又会加剧农村社区关系的隔阂和对立，加深农村内部和城乡之间的差距。

第四，在市场经济条件下，农民面临着是保守传统生产习惯和生活模式还是选择市场机制下的就业生活方式的挑战。两种模式对个人的动机取向、社会规范和价值标准都有差异，而广大发展中国家的社区居民的转变适应期是短暂的，对个人思想心灵的冲击是巨大的，很多人要遭受内心的痛苦和煎熬，难以做出选择。人们一方面对长期养成的传统家族观念、人情关系、生活习惯比较倚重，另一方面对现代社会的理性高效、个人中心主义和利益诱导的就业居住流动性的诱惑又难以抵抗。虽然有研究认为，这两者之间有可能出现融合，形成一种特有的东亚国家的儒家裙带资本主义，但是大部分转型期的群体仍然存在着传统精神和现代规则间的碰撞和对立，包括在东亚家族企业的管理中，也存在着人情管理方式和现代企业方式的争论。

（三）当前中国城市社区面临的独特的挑战和转变

1949年之后，中国城市社会形成了单位制的组织模式，与之相应的是城市街居组织模式，使用单位制的社会管理方式，与之相配的是城市街居管理体制。我们可以把单位制模式理解为计划经济体制下的大多数社会成员被组织到具体的单位中去，社会成员的社会行为的权利、身份以及合法性都是单位组织给予的，单位组织不仅能满足社会成员的多样化需求，还能维护社会成员的利益，约束他们的行为。单位组织依赖国家，个人依赖单位组织。单位组织是国家分配社会资源和实现社会控制的形式。在单位体制下，国家拥有几乎所有的社会资源和资源的分配权力，通过单位划分行政级别对人事领导的任命控制单位组织，然后根据单位的级别来授予单位资源和权力，让单位依附于国家。在单位内部，也是根据职位级别划分资源分配权力，形成单位领导和单位成员之间的依附关系和纵向派系结构，实现对社会成员的组织管理。在这种体制下，国家通过一次次的运动来革除资本主义"尾巴",又通过相应的户籍制、成分制、档案制、票证制等配合,使得城市社会几乎不存在自由流动资源和自由流动空间,单位成为获得社会地位、权利、资源和福利的最主要的渠道,所以个人依附单位就成为特定制度下的合理选择。

在传统再分配体制下,个人政治身份和派系关系决定了一部分城市人无法进入单位体制获取社会主要的地位、权利和资源,这部分城市群体就被另外一种城市组织管理体制——街道和居委会体制所管理。所谓城市街居体制是指对城市中那些不能进入单位组织的居民通过城市区政府的派出机关——街道办事处和居民自治组织——居民委员会来组织管理的一种体制。在计划经济体制下,它主要承担如下职能:居民教育职能、社会动员职能、社会行政职能、社会保障职能、经济管理职能等。计划体制下的街居制的特征主要是:政府的绝对控制、职能的复合性、在整个城市管理体制中的剩余性等。

通过以上叙述可知,在1949年以后的中国计划经济体制时期,中国城市社区形态基本处在社会组织生活的边缘剩余位置,将那些无法进入单位的城市居民留在社区里,由街道办事处和居民委员会组织进行政治教育、社会动员、行政管理、就业保障和经济生产活动。他们实际上也是处在国家行政控制下,配合国家整体的计划命令,但是却较少享受经济资源和福利待遇。

改革开放之后,国家改革了单位制,改革了城市社区管理体制,城市社区不仅面临着极大的挑战,也迎来了发展的机遇。改革单位制就是让单位摆脱国家的行政依附关系,使单位成为民事法人实体,具备功能专一、地位独立的特征。单位原来承担着多项职能,如社会福利、社会动员、社会控制等,改革单位制就是简化单位的功能,将企业单位中的社会管理职能和社会福利负担外移,使企业这一经济实体更具独立性,具备产权明晰、权责明确、政企分开、管理科学的鲜明特点。同时还要建立社会保障体系,将转移企业的社会服务职能交还给社会。企业要精简部门,提高劳动生产率,将多余的劳动力放到社会上,将退休职工的管理和负担转移给社会。

在这样的改革思路下,国有企业改革转移出去的社会服务和社会管理职能给谁?转移到社会上的劳动力如何再就业?谁能接手社会保障职能?可供选择的出路有以下四种。

第一，通过市场机制实现部分后勤服务的社会化。

第二，建立国家统一的社会保障体系，以此来实现社会依法保障的社会化。

第三，对国家行政管理体制进行改革，做到依法行政和依法管理社会公共事务。

第四，加强社区建设，进一步促进社区发展，将社区打造成基层居民再就业、发展社区服务和社区民主自治管理的场所。

现阶段，中国城市社区的发展面临着一些问题，主要包括如何处理城市社区的基层民主自治管理与政府行政体系的关系；在城市社区的居民增权和居民参与、城市单位体制改革的背景下，应建立怎样的社会福利政策；城市社区的居民自治和社区发展应保持怎样的关系；等等。

另外，中国城市社区发展和社区治理还存在着一些发展中国家在现代化过程中的共性问题，涉及现代化过程中农村移民的问题，主要包括农村移民的接纳和管理；城市居民收入增加后对社区服务提出的更高的需求问题；城市居民民主意识不断增强，社区公共事务和公共资源怎样进行民主管理等问题。

第三节　社区问题

改善社区的生存环境，有效解决社区问题，帮助社区居民生活得更好是社区发展和社区治理的重要目标，不仅能够加强对社区的治理，同时还有助于实现社区的公平正义，促进社区的民主平等，维护社区的团结互助。基于此，了解社区问题有助于构建社会问题解决机制。

一、社区问题及其类型

（一）社区问题

社区是人类生活的微观共同体，在社区内必然会存在各种各样的问题。社会问题在社会学中有着比较清晰的界定，主要指在通过主观价值标准判断后，认识到已对社会造成了不良影响，损害了大量社会成员的利益，需要通过社会成员的集体努力来应对和解决的某类社会现象。社区问题根据字面意思可以理解为社会问题在社区层面的表现。在通常情况下，社区中大部分的成员共同面临的问题就是社区问题，社区问题的解决需要大家的共同努力。针对社区内个别成员面临的问题，一般属于个人问题，还称不上是社区问题，但是个别人的问题也需要社会工作专业辅导解决。

（二）社区问题的类型

社区问题的类型要根据不同的标准来区分，社会问题的分类方法包括二分法、三分法、四分法、五分法和多分法等，哪种划分方法比较科学是根据不同标准来判断的，很难做出评判。比如可以按照问题的性质进行划分：第一类是结构性问题，主要是指因社会结构、社会制度或政策等因素而形成的问题，如人口问题、收入两极分化问题、失业问题、贫困问题等；第二类是变迁性问题，主要是指一个国家或地区在特定发展阶段所遇到的问题，如发展中国家的城乡二元差别问题、农村剩余劳动力的转移问题、环境污染问题、家庭结构的解体等；第三类是越轨性问题，是指个体或少数群体违背社会规范、侵害社会利益或者攻击他人和社会的行为，如赌博、偷盗、拐骗、抢劫、黑社会等；第四类是道德性问题，指浅层次地偏离了某类社会道德，如社会腐败、缺乏公德心、损害公物等。我们可以在此基础上，来更详细地划分社区问题的类型。

（1）群体偏差和越轨类问题

群体偏差和越轨类问题指的是社区中存在部分群体主动或通过社会互动过程导致群体对社区主流价值、利益和行为方式出现偏离和越轨的行为。群体偏差和越轨类问题形式多样，对社会和社区造成了极为不利的影响，如偷盗、赌博、抢劫等。

（2）社会排斥和孤立问题

社会排斥和孤立问题指的是社区中存在对少数群体的孤立和社会排斥，将他们限制在主流生活之外的现象。社会排斥和孤立问题针对的对象主要为弱势群体，阻碍了社区的团结与和谐发展，如排斥和孤立城市农民工、排斥和孤立妇女儿童、排斥和孤立残疾人等。

（3）社会结构分化问题以及在此基础上形成的弱势群体基本生活缺乏问题

社会结构分化问题主要表现为收入两极分化、社区贫穷问题等。弱势群体基本生活缺乏问题主要表现为社区医疗缺乏问题、社区教育缺乏问题等。

（4）社区环境问题

社区环境问题主要指的是社区的物质环境污染、肮脏，社区的治安环境比较差，社区的经济环境不景气，社区的社会环境比较冷漠，容易出现孤立等矛盾。

（5）社会基本道德规范的丢失问题

社会基本道德规范的丢失问题主要表现为邻里关系冷漠、群体间存在过度竞争的现象、家庭暴力等问题。

（6）社会解组问题

社会解组问题可以理解为社会组织逐渐瓦解，社会秩序发生崩盘，社会行为出现了严重的对抗等。

二、社区问题的归因

在社会学中有大量关于社会问题的归因理论，大致来说有以下 7 种，它们也适合对社区问题的分析。

1. 社会病态论

社会病态论归因建立在社会有机体理论基础上。社会有机体理论认为社会与生物有机体存在着相似点，社会是一个有机体，存在着正常的、健康的状态和不正常的、病态的状态。当社会处于病态时，会出现相应的表现，也就是说会出现社会问题。这是因为在社会化过程中，个体没有学会正常的社会行为规范，另外，难以参与正常的社会生活，当然也可能是生理性的不健康导致的。社会病态论中存在着这样的观点：所有的社会都会出现相应的社会问题，这是社会有机体发展中的必然。在发展的过程中，社会会自然而然地生成调整机制，以此来恢复健康。

2. 社会解组论

所谓社会解组可以理解为社会丧失了规则，一般来说，社会解组分为三种形式，分别是无规则、文化冲突和崩溃。无规则指的就是社会生活中缺乏相应的现存规范来指导人们的行为交往；文化冲突指的是在社会生活中，同时存在着多个价值规范和规则，有些价值规范和规则相互对立，引发了冲突；崩溃指的是价值体系和规范体系完全混乱。社会变迁往往会引发社会解组。当出现社会变迁时，社会系统的三个层次：物质层次、制度层次和文化层次变迁的速率不同，通常是物质变迁快于制度变迁，制度变迁快于文化变迁，这就会导致文化脱节，进而导致社会解组性问题。

3. 价值冲突论

价值冲突论指出人们处于不同的社会地位，其获得的经济利益也存在着很大的差异，看待同一问题的角度和立场也有区别，针对某一类社会行为容易引发争论和冲突。社会问题就是人们基于不同的主观价值对某种客观现象进行主观判断，在本质上是人们背后的价值观念上的冲突造成的问题。

4. 行为偏差论

行为偏差论认为社会问题是某类行为或状况违背了社会规范期望，属于一种偏差行为。偏差行为的产生是有一定的原因的，一般是由不合理的社会化进程导致的。在初级社会群体中，往往存在偏差行为，阻碍了对正统社会行为的学习，加深了对偏差行为的学习，不利于获取合法目标，通常在紧张和压力下，人们容易发生偏差行为。偏差行为需要重新获得社会化的机会，学习正常的、合法的社会行为模式，纠正偏差的行为方式。

5. 标签理论

标签理论指出社会问题和偏差行为出现的关键在于社会问题和偏差行为的定义过程和定义标准，偏差行为和社会现象并不是问题所在。从根本上来说，偏差不是个人的行动，是他人利用规则制裁犯罪者产生的结果。偏差行为者可以被称为"标示之人"，偏差行为也可以理解为人们加以标示的行为。在标签理论中存在着这样的观点，解决问题的方式主要有两种：一是意识改变定义；二是消除标签所能带来的利益。

6. 社会构建论

社会构建论是建立在标签理论基础之上的，认为社会问题是社会建构的过程，当中谁有发言权、如何描述别人、论述背后构成一种什么样的权力利益关系等，是维持社会问题的社会话语权力的建构过程。所以社会建构论主张，鼓励社会问题当事人参与社会问题的定义过程，通过多种声音来定义同一社会现象，改变人们对社会问题的论述，话语权的争论是消极社会问题的根本场域。当然社会建构论也不是放弃对实质资源和利益分配的争执，而是认为只有在改变社会问题的论述模式的基础上，才能把社会资源和利益更公平地运用到社会问题的当事人身上。

7. 社会冲突论

除上述功能论和社会建构论等关于社会问题的归因之外，还有马克思主义的冲突学派的归因理论，他们把社会问题归因为经济关系的不平等性以及在此基础上的阶级利益冲突，必须通过改变经济制度来调整阶级关系，进而调和阶级矛盾，解决社会问题。

三、社区化的问题解决机制

要想解决社会问题就需要了解社会问题的不同归因。从国家层面来说，制定解决社会问题的社会政策是非常重要的。通过分析不同的社会问题归因，有助于制定不同的社会政策。传统的观点认为社会政策是国家分配资源给社会问题领域，以满足福利对象的基本需求为目标。但是这种分配性福利政策增加了国家的负担，而且导致福利对象的福利依赖和能力丢失。所以在20世纪70年代以后，西方国家的社会政策朝向积极投资性社会政策发展，强调挖掘落后社区的内在资源和社区居民的潜在能力，建设福利社会。在应对社区问题促进社会福利的解决机制方面，曾经有过三种不同的策略：一是主要靠国家社会经济政策和计划体制的组织引导；二是主要靠市场机制的渗透和社区向市场体系的融入参与；三是动员社区居民参与促进社区发展。下文不具体谈国家计划解决机制和市场引导解决机制，而是重点讲述如何动员社区内在资源和力量，依靠社区居民参与和增权来促进社区发展，解决社区问题，改善社区环境，提高居民的生活质量，促进社区的公平、民主和关怀。

一般来说，社区化的社会问题的解决需要这样3个因素的配合：社区居民的参与和组织、社区内在资源的开发和利用、外部政策的扶持和援助。

1. 社区居民的参与和组织

社区发展的关键就在于居民的参与，可以说，居民的参与是社区发展的灵魂。仅依靠外部援助和国家计划干预，而没有有效的居民参与，社区的物质条件虽然会得到改善，但是社区问题无法根本解决。社区的发展要求社区居民的参与，在社区居民深入参与的前提下，社区发展能够获得内在的动力，能够整合好社区内外的资源，解决社区居民关心的问题，探索出社区可持续发展道路。社区工作者要启发和发动居民，了解社区存在的问题，引导社区居民形成和谐的邻里关系，增加社区居民对社区的集体归属感和认同感，树立团结合作的意识，用社区居民的集体力量来解决社区的问题。在解决问题的过程中，需要专职的社区工作者来教育、启发、动员和组织社区居民，鼓励社区居民积极参与，使得社区能够形成自身的社区领袖，发展出居民组织。在社区建设过程中，居民参与发挥着十分重要的作用。

2. 社区内在资源的开发和利用

20世纪80年代以后，现代化战略发生了变革，社区的发展和治理模式也发生了相应的改变。出现了一种新的发展观点，也就是社区为本的发展模式，社区为本的发展模式致力于提升社区居民的福利，增加社区居民的信心。社区为本的发展模式有着自身的发展手段，主要依靠社区居民的参与和管理。社区内在的资源、技能和需求是社区为本发展模式的重要基础。在实际发展过程中，需要充分分析市场基本情况，并以此为依据来决定是否参与和利用市场资源，以及怎样构建市场体系等。在市场参与过程中，还要充分发挥政治协调机制的作用，充分利用社区内在资源优势，为社区居民争取利益。

3. 外部政策的扶持和援助

社区的变迁有着特定的目的，在社区变迁过程中，外部政策的扶持和援助是非常有必要的，这样能促进社区的发展。本质上的社区增能要求外部政策能够扶持和援助社区，但是这种扶持和援助不是控制和命令。在制定和实施外部政策时，社区居民应该积极参与，选择合适的发展项目，充分开发和利用社区资源。对于社区居民来说，管理社区发展项目，从社区发展项目中受益是一项重要的权利，以社区能力建设为导向，进一步促进社区的发展。社区居民的参与和管理是外部扶持政策和援助手段决策与实施的重点。

第二章 社区治理概述

社区治理理论是近几年发展起来的新兴理论，其中，治理理论是社区治理的指导思想和方法基础。"治理"的推广和普及与社会发展存在着紧密的联系。本章主要内容为社区治理概述，详细介绍了治理理论的提出与背景、社区治理的内涵以及社区治理的主体。

第一节 治理理论的提出与背景

20世纪80年代末至90年代初，"治理"的概念在西方经济学、政治学和管理学领域使用较为频繁。现阶段，学术团体和民间志愿组织在开发领域的出版物中经常会使用"治理"一词。治理的概念及其理论对人们有着较强的吸引力，具有一定的现实意义。

一、治理理论的提出及其含义

（一）治理理论的提出

英语中的"治理"（governance）有着漫长的发展历史，最早起源于古典拉丁语和古希腊语中的"操舵"一词，所以"治理"最初的含义是控制、操纵或指导，很多时候，人们会混淆"治理"与"统治"的含义，将两个词混用。长期以来，"治理"一词多用于国家公务方面的宪法或法律的执行上，有时也可以理解为管理不同利害关系的特定机构或行业。

在英语国家，"治理"一般作为日常用语，"治理"的确切含义是在特定范围内行使权威。它是对范围广泛的组织或活动——从现代公司管理到大学管理再到海洋经营等进行有效安排的同义语。在德语中，"操纵、指导"一词，除了治理的方式方法、负有治理之责的机构（government）和治理行为（governing）之外，还有第四层含义,即与系统论有联系。在系统论的理论术语中,governing 指的是把一个自主系统当作 governance 对象,使之从一种状态转变为另一种状态:不管是稳定它,改变其方向,或是转变它。

20 世纪 80 年代,"治理"一词还不是特别流行,"治理"的适用范围和用途都还没有得到开发,基本处于休眠状态。直到 20 世纪 80 年代末,很多的个人、机构和组织"复活"了"治理",为其赋予了全新的含义。

1989 年,世界银行发表了一篇著名的报告,也就是《撒哈拉以南非洲:从危机到可持续增长》,在这篇报告中,"治理危机"一词首次被应用。这篇报告虽然还带有早期报告的特征,显示出了对正确经济政策的关心,但报告中的中心议题显然具有更为突出的政治性,探讨了关注合法性、参与、多元主义、新闻自由和人权,在这篇报告中,我们看到这些问题是解释非洲目前危机的关键因素。

自此之后,各种各样的政治发展报告都会使用"治理"的概念,在描述后殖民地和发展中国家的政治状况时,普遍会使用"治理"一词。治理理论的研究热潮有以下 3 个方面的表现。

1. 一些国际性组织纷纷以"治理"为中心议题发表报告

1992 年,世界银行发表了以"治理与发展"为标题的年度报告;1996 年,经济合作与发展组织(OECD)发布了以"促进参与式发展和善治"为中心议题的项目评估报告;1996 年,联合国开发计划署(UNDP)发表了一份以"人类可持续发展的治理、管理的发展和治理的分工"为题目的年度报告;1997 年,联合国教科文组织(UNESCO)提出了一份以"治理与联合国教科文组织"为标题的文件。

2. 以推进治理为目标的国际性组织和刊物相继问世

1992 年,联合国相关机构成立了"全球治理委员会",之后,此委员会出版了一份《全球治理》的杂志。1998 年,《国际社会科学杂志》出了一个名为"治理"(governance)的专号。

3. 一大批学者从不同角度对"治理"理论进行阐释和开掘

1995 年,美国学者詹姆斯·罗西瑙(James Rosenau)发表了《没有政府的治理》专著,与此同时,还撰写了以"21 世纪的治理""面向本体论的全球治理"为题目的文章,为治理理论的问世奠定了理论基础。

英国学者罗伯特·罗茨（Robert Roots）在《新的治理：没有政府的管理》一文中总结了学界不同的说法，梳理出"治理"六种不同的用法。

英国学者格里·斯托克（Gerry Stoker）在《作为理论的治理：五个论点》一文中介绍了目前流行于各国的治理理论中的五种主要观点。

英国学者卡洛林·安德鲁（Carolin Andrew）和迈克·戈登史密斯发表了《从地方政府管理到地方治理》论文，从统治、管理的局限性入手，阐述了创立治理理念和方法的必要性。

瑞士学者弗朗索瓦·格扎维尔·梅里安（Francois Gezaville Merian）在《治理问题与现代福利国家》一文中，从福利国家的普遍性危机出发，论述了治理理论在福利国家的运用途径。

德国学者贝阿特·科勒·科赫（Beate Kohler Koch）发表了《欧洲治理的演变与转型》《欧盟治理》《寻求民主的合法性》等一文，从欧洲一体化的形成过程、欧盟的组织架构以及欧盟的运作机制等方面，对治理的理论及治理的模式进行了探讨。

美国学者詹姆斯·罗西瑙发表的论文《面向本体论的全球治理》，英国学者托尼·麦克格鲁（Toni McGrew）发表的论文《走向真正的全球治理》，罗纳德·格罗索普（Ronald Grossop）发表的论文《全球治理需要全球政府》，奥兰·扬（Oran Young）发表的论文《全球治理：迈向一种分权的世界秩序的理论》，保罗·韦普纳（Paul Wapner）发表的论文《全球公民社会中的治理》，都从更广、更宏观的角度来讨论治理问题，提出了"全球治理"的概念和理论。

除了国外学者的众多论述外，针对治理理论，国内学者也进行了深入的研究，其中俞可平教授是最早研究治理理论的学者，在对治理理论进行研究的过程中，取得了丰硕的研究成果，主编了多部论文集，主要有《治理与善治》《全球化：全球治理》《增量民主与善治》等，已经成为现阶段国内有关治理理论最全面、最权威的论著。此外，南开大学的吴志成博士认为："应将治理理论方法和跨学科交叉综合分析运用于欧洲一体化研究，了解欧洲治理模式的特征以及传统民族国家形态、职能和国家主权变化的可能方向。"[①]

---

① 吴志成.治理创新：欧洲治理的历史、理论与实践[M].天津：天津人民出版社，2003.

(二)治理理论的含义

1. 关于治理概念的种种定义

目前,治理概念应用得越来越广泛,各行各业都会涉及治理概念,"治理社会"已经来临。但是对于治理的含义,不同领域的学者基于自己的学术背景来理解治理概念,必然会出现很大的差异。另外,在所有的治理相关理论中并没有明确、统一的界定治理概念,治理没有普遍适用的定义。

奥利弗·威廉姆森(Oliver Williamson)是美国新制度经济学派代表人物,他在《治理机制》一书中从经济学的意义入手,论述了自己对于治理的观点。他指出手段是经济学的首要关怀,特别是目标关系中的手段方面,治理的主要作用就是评估各种备择组织模式的功效,通过治理机制实现良好秩序是治理的最终目的。从这个角度来讲,治理结构就相当于一种制度框架,一次交易或一组相关交易的完整性就是在这个框架中被决定的。

日本学者青木昌彦发表了《比较制度分析》这一著作,在书中他详细分析了交易治理机制的多样性、特征等问题,入手角度也是经济学角度。青木昌彦总结了多种交易治理机制,并在此基础上得出了一个重要结论:即使在发达的市场经济条件下,私有产权和合同也不仅仅由正式的法律系统来执行。不论是私人的治理机制还是公共的治理机制,不论是正式的治理机制还是非正式的治理机制,都是制度安排的复合体,同时起着作用。

詹姆斯·罗西瑙是治理理论的主要创始人之一,他发表了《没有政府统治的治理》和《21世纪的治理》,他从公共管理学入手对治理概念进行了明确的界定,认为治理是一系列活动领域里的管理机制,虽未得到正式授权,却能有效发挥作用。治理与统治存在着很大的差异,治理主要是由共同的目标支持的活动,不需要依靠国家的强制力量。

彼埃尔·德·塞纳克伦斯(Pierre de Senakrens)是瑞士著名学者,他在定义治理概念时,从政治学及国际关系和秩序角度入手,他发表了《治理与国际调节机制的危机》,在文中界定了治理的概念,认为治理一般用于有关国际秩序的计划项目,治理的含义是有助于和平与发展的规章及惯例。它反映这样一种观念:"各国政府并不完全垄断一切合法的权力,政府除外,社会上还有一些其他机构和单位负责维持秩序,参加经济和社会调节。这种管理和控制公共事务的机制,在地方、全国和区域的层次上,包括一套复杂的科层结构、具有不同程度等级制的政治权力、企业单位、私人压力集团以及各种社会运动。各国政府不再垄断指挥和仲裁的政治职能。现在行使这些职能的是多种多样的政府性和非政府性组织、私人企业和社会运动,它们合在一起构成本国的和国际的某种政治、经济和社会调节形式。"①

在界定治理的各种论述中,最具代表性和权威性的观点是全球治理委员会的定义。1995年,全球治理委员会发表了《我们的全球伙伴关系》的研究报告,在此报告中,全球治理委员会定义了治理,其包含范围非常宽泛,既包括集体层面又包括个人行为层面,另外,还涉及政策决策的纵横模式。具体来讲,全球治理委员会将治理定义为:个人与公私机构管理其自身事务的各种不同方式之总和;是使相互冲突或不同利益得以调和并且采取联合行动的持续的过程。从这个层面来看,治理涉及众多的不具备明确等级关系的个人和组织,他们通过合作的方式来解决冲突,这种工作方式就是治理,在治理的过程中能够展现多样化的规章制度,也能反映个人态度。

2. 关于治理概念的不同用法

目前,治理概念被广泛应用于众多领域,通过总结和梳理学界的各种论述,我们提出有关治理概念的6种不同用法。

(1)作为最小国家的治理

作为最小国家的治理,具体来讲就是通过削减公共开支和私有化的途径来缩小政府的规模,为了实现效益的最大化而采用最小国家的形式。

(2)作为公司治理的治理

作为公司治理的治理主要指指导、控制和监督企业运行的组织体制。

(3)作为新公共管理的治理

作为新公共管理的治理指的是在公共部门和公共服务中引入私人部门的管理手段和市场激励机制。为了有效增强竞争力,更好地满足消费者的需求,可以适当削减官僚机构,采用承包和准市场的运作方式。

---

① 彼埃尔·德·塞纳克伦斯. 治理与国际调节机制的危机[J]. 国际社会科学杂志(中文版), 1999(1): 91-103.

（4）作为"善治"的治理

作为"善治"的治理主要指强调效率、鼓励竞争、遵从法治、尊重人权、敢于负责的公共服务体系。

（5）作为社会——控制论系统的治理

作为社会——控制论系统的治理，具体来讲就是政府与民间、公共部门与私人部门之间的合作与互动，认为政策结果不再是中央政府行为的产物，政策结果是由中央政府与地方政府、保健机构、自愿部门、私人部门等相互合作，在一定的互动关系中产生的。

（6）作为自组织网络的治理

作为自组织网络的治理主要指的是建立在信任和互利基础上的社会协调网络。

3. 关于治理理论的含义

通过分析治理的多种定义，我们能够清楚地看到治理的内涵也是多样化的，主要包括以下四个方面。

首先，治理的主体是由来自不同领域、结构、次国家、国家、超国家，和运动构成的复杂网络结构。

其次，国家虽然在治理的基础方面仍然发挥着主要作用，但是需要和其他行为体进行合作；在对外方面，国家主权和自主性观念也面临着严峻的挑战。

再次，治理的方式比较多样，可以采用正式的强制管理模式，也可以采用民主协商谈判的模式；不仅可以采取正统的规章制度，还可以采用所有行为体都自愿接受的非正式的措施。

最后，参与治理的各行为体要坚持互信、互利、相互依存的原则，坚持不懈地进行协调谈判，加强各行为体间的合作，解决冲突与矛盾，确保社会的有序运行。治理的最终目的就是在确保各参与行为体利益的基础上，促进社会发展，实现公共利益最大化。

4. 关于治理理论的主要论点

英国学者格里·斯托克在《作为理论的治理：五个论点》一文中总结和梳理了当前流行的各种治理概念，并在此基础上指出，到目前为止各国学者对作为一种理论的治理已经提出了五种主要的论点。

第一，治理是指出自政府但又不限于政府的一套社会公共机构和行为者。对于传统的国家和政府来说，治理概念是在挑战它们的权威，这是因为治理概念指出国家并不是唯一的权力中心，无论是公共的机构还是私人的机构，只要公众认可其行使的权力，这些机构就可能成为不同层面上的权力中心。

第二，治理明确指出，在为社会和经济问题寻求解答的过程中，存在的界线和责任方面的模糊之点。治理概念认为现代社会中的国家正在把原先由它独自承担的责任转移给公民社会，也就是各种私人部门和公民自愿性团体。公民自愿性团体承担了更多的原先由国家承担的责任。从这个意义上来讲，国家与社会之间、公共部门与私人部门之间的界限和责任便日益模糊不清。

第三，治理理论明确肯定，涉及集体行为的各个社会公共机构之间存在着权力依赖。所谓权力依赖可以理解为统筹集体行动的组织需要依靠其他的组织；各个组织通过资源交换、谈判等方式来实现目标、达成目的；各个参与者的资源会影响交换的结果，此外，游戏的规则和进行交换的环境也会影响交换的结果。

第四，治理的行为者最终将形成一个自主自治的网络。在特定的领域中，这一网络能够行使权威、发挥作用，不仅能够分担政府的部分管理责任，还能够与政府在特定的领域中达成合作。

第五，治理理论存在这样的论点：政府的权力并不等同于办好事情的能力，具体来讲就是政府下命令或运用其权威，并不意味着就一定能办好事情。政府通过采用新方法或新技术来发挥控制和指引的作用。科学管理国家的新的方法和技术是丰富多样的，如赋予能力、催化反应、授权等。在治理中，政府主要担负着构建（解构）与协调，施加影响和规定取向，整合与管理的职责。

二、治理理论兴起的背景

作为全球化进程的逻辑结果，治理、善治和全球治理的理论与实践也是冷战结束之后国际社会的政治、经济秩序发展的最新形态，而且还是国际规则有效性的现实要求，是全球公民社会和世界民主潮流的产物。

（一）全球化时代人类政治生活的变化迹象

1. 全球性及其分类

一般而言，全球性指的是多个大陆之间形成的一种相互依存的网络构成的世界状态。而且，这些相互依存的网络或许是通过资本和货物、信息和思想、人员和暴力，以及在环境上和生物上相关的物质等进行连接的。而且，对于我们来说，全球化与非全球化具体指的是全球性的升高或者减少。我们可以根据空间网络上的流动与知觉联系的类型将全球性划分为以下六个不同的方面。

第一，经济全球性，主要指的是货物、服务、资本，以及伴随着市场交换的信息和观念所进行的远距离流动。另外，经济全球化还包含了与这些流动有着密切关系的组织过程，如将亚洲的低工资劳动力组织起来为欧美市场进行生产等，部分经济学家会将全球化严格限定在经济意义的范围之内。

第二，军事全球性，主要指的是使用暴力或者威胁使用暴力，又或者可能使用暴力所构成的远距离相互依存网络。

第三，环境全球性，主要指的是在大气层或在海洋中所进行的物质的长途运输，也指的是类似病菌或基因物质等对人的身体健康与生活水平产生影响的生物物质的长距离传播。

第四，社会和文化全球性，主要指的是思想、信息、形象和人员的流动，其中人员的流动通常会促进思想与信息的流动。

第五，政治全球性，主要指的是权力和治理的思想与信息的全球化。一般我们能够从模仿效应、政府政策或国际机制的扩散等方面对其进行衡量。

第六，司法全球性，指的是在类似于世界贸易、战争罪犯审判等一系列的问题上，司法惯例与相关机制的扩大。

值得注意的是，全球化首先指的就是经济全球化，其中主要指的是商品、资金、信息、人员等在全球范围内的自由流动，在全球范围内对经济要素进行合理配置。从本质上讲，全球化就是流动的现代化，其中，流动指的是物质产品、人口、标志符号、信息的跨空间与时间的运动。全球化就是将时空进行压缩，使得人类社会能够发展成一个即时互动的社会。

近现代资本主义生产方式产生以后，整个世界经济是朝着一体化的方向发展的。但是，到了20世纪90年代以后，人类才真正进入经济全球化加速发展的时期，这是因为经济全球化的两大推动力在这时已经具备并发挥了巨大作用。这两大推动力为：一是私营领域中运输、通信成本降低；二是公共领域内限制贸易、投资的政策障碍减少。比如西班牙籍的美国社会学家曼纽尔·卡斯特（Manuel

Castells)在《网络社会的崛起》中明确指出:"资本主义生产方式的特征是不断扩张,总是尝试克服时空的限制,但是只有到了20世纪末,以信息与通讯科技提供的新基础设施为根基,以及政府和国际机构所执行的解除管制与专业化政策的协助下,世界经济才真正变为全球性的。"①

2. 全球化影响下的人类政治生活变迁

自从20世纪末以来,经济全球化得到了飞速发展,很多人将我们所处的时代称作"全球化时代"。全球化首先要完成经济的一体化,但是经济生活的全球化一定会对人类的政治生活与文化生活产生很大的影响。经济全球化也在很大程度上改变了传统的治理与统治的主题、结构、方式、过程和意义,使得传统的民族国家、国家主权、政府体制以及政治过程与意义都受到了严峻的挑战,对人类的政治生活产生了深刻的影响,也极大地推动了人类的政治发展。

自近代以来,人类政治生活的核心一直都是民族国家。民族国家建立在以下三个基本要素之上:一是领土,任何国家必须有一定范围的领土,国家的领土是神圣不可侵犯的;二是主权,任何国家都有一个主权机关,它代表国家的意志,国家的主权不可分割,不受别国干涉;三是人民,任何国家都有一定数量的公民,他们的权益受所属国家法律和政府的保护。现如今,现实政治生活的中心依旧是这样的民族国家,也是人们政治想象的基本依托所在。但是在经济全球化的进程当中,上述民族国家的形象和观念正遭受严重的冲击,甚至发生重大改变。

首先,伴随着经济全球化的发展,很多民族国家领土要素受到了严峻的挑战,经济全球化主要表现为资本全球化、产品全球化、通信全球化,而这些现代的经济要素的存在,也在不断地冲击民族国家的壁垒,以便有效促进世界市场的形成,并建立起跨国经济组织。世界市场与跨国经济组织在本质上与传统的国家领土观念之间存在冲突,而资本若想要进行全球范围内的流动,并且确保跨国公司能够在全球进行活动,就需要不受领土的束缚。所以在国家的领土疆界与资本的全球化要求之间存在矛盾的时候,很多跨国公司与其他的跨国组织都会想尽办法使得国家的领土要求从属于资本的扩张要求。简单来说,在经济全球化的发展过程当中,若与国家的领土之间发生冲突,很多传统的领土观念正在逐步让位于经济全

---

① 曼纽尔·卡斯特. 网络社会的崛起[M]. 夏铸九,王志弘,译. 北京:社会科学文献出版社,2001.

球化的要求，而且很多国家在加入世界贸易组织的谈判过程当中所做出的开放本国市场的承诺，从本质上就属于这种性质的让步。

另外，伴随着经济全球化的不断深入，民族国家的主权要素逐渐受到了严重挑战，这种挑战主要集中在以下三个方面：其一为包括跨国投资在内的多种全球性经济活动对民族国家内部的政治环境的要求，若是民族国家本身的制度与相关要求存在冲突的时候，经常是民族国家让步，以便解决冲突；其二为全球经济使得某些政治价值趋于普遍化，如自由、民主、人权等，若是某些政治价值在某民族国家之内遭受到严重破坏的时候，国际社会所进行的谴责与直接干预已经开始逐渐得到国际社会道义的支持；其三为经济全球化使得很多潜藏的国内问题趋于国际化，如生态环境、贫困、犯罪等问题，若是仅仅依靠民族国家的主权政府并不能够有效解决以上种种问题，所以启用跨国性的国际合作就更为重要。

最后，经济全球化对传统的公民观和种族观也提出了挑战。伴随着资本、人员的全球性流动，跨国公司雇员对于跨国公司的效忠往往甚于对国家和民族的效忠；移民人数的剧增，更使传统的种族认同和国家认同被大大削弱和淡化。经济全球化、互联网和生态环境的国际化，使得越来越多的公民滋生出全球意识，甚至少数的先锋派，如国际环境主义者认为自己是全球公民。经济全球化直接影响到民族国家基本要素，因此，世界秩序应当有一个进行重新调整与规范的过程，简单来说，就是需要通过全球治理来健全与发展新的国际政治经济秩序，其中包含对国际政治经济问题进行处理的全球规则与制度。

（二）世界范围的"结社革命"

治理与民间社会息息相关，两者的相互关系主要表现在以下两个方面：其一，通过推进治理能够有效促进民间社会的培育与发展，其中涉及对自愿组织和非政府组织、非正式经济和正式经济的支持，以及各种存在于民间社会中更为显著的团体的支持；其二，民间社会的发育成长更加有利于建立一个多元的制度结构，有效促进了责任性、透明度等治理要素的发育和成长。

20世纪80年代末期与20世纪90年代初期出现了治理理论的讨论热潮，这与20世纪80年代前后世界各国民间社会的迅速发展有着十分密切的联系。在20世纪80年代前后，全世界曾出现了一场结社的革命，其中主要表现为，在世界各国涌现出了一批民间的非营利与非政府组织。

20世纪80年代的前后所爆发的"全球性结社革命"有着独属于自身的政治、经济、文化背景，而且我们认为，"全球性结社革命"爆发的原因主要有四个"危机"与两次"革命"。

第一个危机是指现代福利国家的危机，其主要发生在发达国家。20世纪初期和中期是许多国家的福利制度朝着"福利国家"方向发展的高峰时期。但是进入70年代后，西方国家的经济发展势头由强转弱，出现较长时期的"滞胀"局面，经济发展的减缓，使得支撑"福利国家"的经济基础变得薄弱。另外，福利制度的刚性特征加之人口老龄化的加剧，使西方"福利国家"的福利开支日益膨胀。社会福利开支的膨胀以及财政赤字的加大，使得"福利国家"的政策开始遭受责难，新保守主义思潮开始抬头。新保守主义对"福利国家"的政策提出了批判，认为"福利国家"是专横的，原因有以下三点：第一，"福利国家"借着税收强制捐献以资助社会福利，导致人民必须为其不使用的服务付款；第二，"福利国家"通过公共服务垄断服务，导致人民失去选择的自由；第三，福利国家授权各种辅助专业，以协助家庭为名，介入家庭这个私人领域，破坏家庭的自主性。

在20世纪80年代，新保守主义在英国首相撒切尔夫人（Mrs. Thatcher）与美国总统罗纳德·里根（Ronald Reagan）当政时期成为当时的国家政策。在这段时间里，各个"福利国家"开始了轰轰烈烈的福利政策的改革与调整。其中，改革的直接目标就是对福利开支进行控制，并且有计划地逐步削减社会开支在国内生产总值中所占的比例。具体来说，有以下四项改革措施：一是对于申请福利补贴的人设一定的条件，确保不会如同过去一般无条件地自动享受各种福利；二是对现有福利标准进行调整，彻底改变过去那种过多、过滥、过宽发放补贴的行为；三是重点加强对福利服务的管理，重点核查享受福利者的经济情况，以确保福利确定发放给了需要的人；四是为缓解政府福利赤字的沉重压力，推动福利服务私营化。伴随着福利政策的改革以及各种调整措施的稳步推行，其中最为重要的是福利服务私营化的推进，促使过去完全由政府提供福利的"福利国家"转变为现如今的由私人与政府同时提供服务的"福利混合模式"，处于不同阶层的民众能够根据自身的需要与能力选择适合自己的服务。在"福利混合模式"的框架之下，众多"福利国家"开始逐步将过去由政府全权负责的福利服务的提供职责转移给民间社会，在上层的政策领域的强力推动之下，非营利性、非政府性的组织开始急剧扩张。

第二个危机主要指的是存在于发展中国家发展模式的危机。在第二次世界大战之后，很多原本是殖民地的国家与地区纷纷表示独立，但是因为自身经济基础较为落后，且民主传统十分薄弱，致使很多发展中国家逐步走上了权威主义政权推行的发展主义政策的经济发展道路。除了东亚地区的个别国家取得成功之外，很多国家都直接陷入了更为严重的危机当中。

出现于20世纪70年代的两次石油危机与20世纪80年代的经济衰退，直接改变了发展中国家的前景。很多地区的人均收入开始逐渐下降，并且很多发展中国家所建立的权威主义政权，因为本国公民社会的弱小而获得了过多的自主性，同时并不会受到对应的责任制约束，进而导致腐败丛生、民众反抗、政府实行高压政策以及民众出现更大的反抗的深度危机。人们开始重新思考发展模式，进而发现了新的兴趣点，简单来说，就是对"受援助的自力更生"和"参与式发展"产生兴趣，这种发展战略更为强调基层的能量和热情，并通过各种非政府组织将这种热情与能量释放出来。由此，民众参与型发展逐渐取代了政府主导的援助型发展，协助自立的模式也逐渐取代了济贫救困的模式。在新发展模式当中，更强调民间志愿组织的作用，而且很多发达国家与国际组织也将民间团体作为自己的援助对象。在发展模式的变化过程当中，人们逐渐对国家作为发展代理者的局限性、极具吸引力的非营利性以及非政府组织的优势达成了共识，最终为发展中国家的"结社革命"创造有利的条件。

第三个危机指的是国家社会保险制度的危机。其中，国家社会保险制度主要是指苏联、东欧以及中国等社会主义国家所实行的对国家责任加以强调的社会保险制度。其主要特征表现为全权由政府对相应资源进行直接的分配，且社会保险管理的社会化程度较低。保险基金完全由国家或者企业承担，其主要筹集方式是从劳动成本当中预先扣除，并不需要受益人缴纳。因为推行了国家社会保险制度，所以劳动者的权益受到了保护，也为国家工业化的发展提供了保障，充分显示出了社会主义的优越性。但是在总体经济实力相对薄弱基础上所建立起来的国家社会保险制度，会使国家政府承担着沉重的压力。到20世纪70年代，在粗放发展时期有利于经济增长的中央计划模式已越来越不适应密集发展的需要，从70年代末开始,苏联和东欧国家的发展大幅下滑。物资的短缺和服务质量的下降引起人们强烈的不满。这种状况引导人们寻找新的方式来实现自己在原有体制下无法实现的经济和社会需要的满足,它也刺激着一系列非政府组织在国家行政架构之外寻找提供各种服务的可能。苏联和东欧国家在改制后也纷纷改变由政府包揽福利服务责任的做法,而对民间组织的参与采取更宽容的态度,从而使"结社革命"有可能在这些国家发生。

第四个危机主要是指世界性的环境危机。因为发达国家对地球上各种资源的过度开发,使得地球出现温室效应,进而导致太空的臭氧层空洞逐渐扩大;很多发展中国家因为自身的长期贫困而不得不为了生存破坏环境,甚至一些中东欧国家和地区已经出现了危害到食品供应的酸雨和水污染,这会对人的寿命产生很大的影响。伴随着环境危机的不断加剧,民众对于政府在环境治理方面的工作十分不满,甚至开始表现出依靠自身力量来挽救环境的愿望。

以上四个危机直接导致了世界各国以政府为主导的社会事务处置模式受到了广大人民群众的怀疑,因此,人们开始探索用新的社会制度结构来摆脱目前的困局,其中两个具有革命性意义的因素,成功为"全球性结社革命"的出现创造了有利条件。

第一个革命因素指的是发生于20世纪六七十年代的有着全球性的客观的经济增长以及因此所发生的各种社会结构的变化。在第二次世界大战之后,世界上很多国家的经济都有了一定的增长,很多国家和地区都在分享着经济增长的成果,而且在这一时期,东欧、苏联以及很多发展中国家的增长率已经超过了发达国家。在此情况之下,不但为人们带来了物质上的改善,还促使其产生了对于心灵上的满足与社会交往等各方面的需求;另外,伴随着经济增长,人们的教育水平也在提高,这也促使人们逐步开始重视对自身的权益进行维护与提升。其中,更为重要的是,社会结构也受到经济增长的影响。在发达国家,中产阶级占人口的比重逐渐上升;在拉丁美洲、非洲和亚洲的一些国家和地区,中产阶级也逐渐形成并具有一定规模。公民社会组织的真正的推动力量是居住在城市中从事一定产业的中产阶级职业人士,因为他们希望更多地参与政府事务,保护他们自身的利益。城市中产阶级的出现及其在社会事务中的领导作用,对于非营利性、非政府组织的出现及其扩大是至关重要的。

第二个革命因素主要出现于20世纪七八十年代，这段时间发生了通信革命。伴随着人们开始广泛使用计算机、光缆、传真机等，世界各地的信息被及时且有效地收集与传播开来，促使各地连成一体。识字率的提高和通信革命的结合使得民众的组织和动员比以往容易得多。曾经成功地控制本国的通信网络的权威政权日益无力阻止通过卫星光碟和传真进行信息传输。昔日因交通阻隔和联络困难而孤立的活动家，因通信革命而得以方便地与国内外的志同道合者交流经验和保持联系。

（三）"全球性结社革命"与全球治理

为应对"政府失灵"现象，社会当中出现了"结社革命"。现代社会是一个多元的社会，不管是人们的兴趣爱好还是价值观念，抑或是经济利益等都呈现高度的多样化，社会也逐渐分化为各种各样的阶级、阶层、利益集团等。其中，政府是唯一一个代表全体社会成员存在的，并不能很好地对不同的阶级、阶层、利益集团等的数目庞大且种类繁多的"局部性"需求进行满足，所以政府开始在满足多元化社会需求上出现了"功能失灵"。为了对自身利益加以维护，在公民社会当中，一群志趣相同、利益相同、要求相同的人自愿组织在一起。现代社会的多元化格局需要多元化的社会结构进行支持，但是现阶段由单一的政府主导型的社会事务处理模式并不能够与现代社会相适应。通过以上种种分析我们能够很明显地发现，一些发达的资本主义国家所面临的"福利国家"的危机、发展中国家发展模式的危机、社会主义国家"国家社会保险"制度的危机、全球性的环境危机都会导致民众对政府主导社会事务的能力与意愿产生怀疑。在20世纪80年代之后，人们普遍认为依靠市场的作用进行调节，并依靠非政府的力量进行挽回，已经成为各国社会变革当中的一个基本动向。

中国的下一个发展阶段首要进行改革的领域包括向协商/参与式的治理方式转变，以便更好地促使各种非国有的部门与公民社会发展以便帮助政府进行政策的制订与实施。现阶段的中国正在稳步迈向下一个发展阶段，国家的治理开始变得十分重要，通过与非国有部门建立伙伴关系，并共同制订与执行有效的政策能够更好地节省资金，并且，若是制订并执行错误的政策就会对后代产生不利影响，也会严重破坏环境与经济。

（四）新管理主义思潮的兴起及其影响

1. 新管理主义思潮的兴起

20世纪末治理理论与实践的兴起还受到新管理主义思潮的影响。在传统农业和小手工业时代，生产、销售和消费环节彼此分割，生产效率和成本的观念还没有进入生产者的视野，生产者凭借主观性很强的个人经验进行生产，生产管理的理论和实践尚没有产生。工业革命后，过去家族式的企业或乡村小工厂，逐渐被大规模的企业和工厂所取代，经营和管理逐渐成为企业生存不可或缺的要素，经由管理以充分利用现有资源，并降低成本以增进效率。

自从19世纪末期20世纪初期开始，组织管理的发展日新月异，由此诞生了管理理论，一直到20世纪末期，管理理论在长时间的发展变化当中逐渐诞生了以下三种管理理论。第一种主要由科学管理、行政管理、科层管理等理论共同组成的古典管理学派；第二种为将X理论和Y理论作为代表的人群关系学派；第三种是包含计量管理、系统管理、权变管理等理论的近代管理理论。

20世纪90年代之前，公共部门管理的新模式已出现在多数先进国家，这种新模式以不同的名词出现，包括管理主义、新公共管理、市场为基础的公共管理、后科层典范或企业政府等，尽管名称上有所不同，但在本质上，其所描述的现象却是一致的，我们可以把这些理论统称为"新管理主义"。新管理主义源自新泰勒主义。弗雷德里克·泰勒（Ferderick Taylor）是最早的管理理论——科学管理理论的首要代表人物。科学管理理论虽然有其限制，如把工人视作生产过程中的部件，日复一日超强度的简单工作可能损害工人的身心健康，对生产的长期绩效缺乏正面影响力等，但这一理论仍对当今组织行为的研究有重要意义。

新泰勒主义注重机构内部的理性化和提高行政活力，强调政府要效仿企业搞好内部管理，认为只要通过管理的力量严格控制财务和管理绩效，就可以达到既定目标。新管理主义则将改革从政府内部引向外部，重点将政府供给公共服务的提供者角色和生产者角色分开，打破公私界限，把过去由政府机构直接提供生产的社会服务，以各种方式鼓励非政府机构、半政府机构共同承担。其中的主要形式有四个方面：政府业务合同出租，鼓励私人资本投资到原由政府投资的公共服务领域，建立政府部门与私营企业的伙伴关系，公共服务的社区化。

新管理主义思潮正在从西方国家走向全球。受到这股潮流的影响，在福利服务供给上，强调福利多元主义的供给模式逐渐抬头，即福利提供由过去单一的政府模式，转变为由政府、市场、非营利组织和社区共同提供。

2.新管理主义思潮影响下的政府改革

在第二次世界大战之后，很多西方国家正式开始建设有效政府，其中，政府不但为市场经济提供了需要的制度与规则，还直接提供了各种物品与服务，由此就建立起了一个覆盖范围广、项目多、待遇高且保障全的福利国家。而且在此过程当中，政府自身的责任、职权、机构与人员也在不断地扩大，政府本身逐渐成了一个"万能政府"。但是在1980年前后，因为经济衰退以及财政危机，公民逐渐对政府的服务产生不满，所以很多西方国家也逐渐兴起了主要内容为政府再造的行政改革浪潮。这一运动的核心是为了寻求更好的治理，由此提出了下面一系列具体的改革措施。

（1）高度集权的管理体制向分权、放权的管理体制转变

在工业时代，被认为最为先进的管理方式是中央集权制的管理，但是伴随着科技的发展，后工业社会的社会利益出现分化，并且国际经济也趋于一体化，行政管理出现了极权危机，各种情况瞬息万变，但若任何事情都需要权力中心做出判断与决策，就会严重影响效率，最终错过最佳时机。由此，我们能够明白，相比于集权式管理，分权具有以下三个优点：其一，分权具有更大的灵活性，能够更好地对环境与社会的需求变化进行迅速的反应；其二，分权更有效率，因为下级人员能够更多地接触到各种问题，也更为了解这些问题，所以通过放权能够使他们独立地找出最佳的解决问题的途径；其三，分权创新精神，因为很多优秀的思想与观点都来源于实际的工作，通过分权能够更好地调动工作人员的积极性与责任感，从而有效地提高生产效率。所以，很多西方国家政府决定下放权力。

（2）政府职能定位于"掌舵"而不是"划桨"

以前，大多数人都认为政府的角色是单面的，只负责收税与提供服务。但是在西方政府的不断改革中，政府的职能正在进行重新定位，由此就能够改变这种过时的观念，而且，人们也已经建立起了新的共识，即政府的职能是"掌舵"并不是"划桨"，是治理并不是提供服务。其中，掌舵就是指决策，即把握方向，而这也正是政府所需要承担的首要且最为重要的责任。若是想要完美发挥出掌舵

的作用，就需要将政府内部原来承担的执行性和服务性的工作剥离出去，由其他部门与社会组织承担。由此，政府的职能在转换，使得民间力量以及社团组织逐渐拥有了发展的空间。

（3）公共事务从"官营""公营"变为"民营""私营"

在过去，水电、公交、煤气等公共产品，一直是政府垄断经营，以便政府能够对相关领域进行强有力的控制。但是长此以往，政府的决策系统很难适应飞速变化的社会经济环境，致使决策出现严重问题，效率十分低下，也很难拥有较高的服务质量。所以，通过公共事务的民营化与私营化能够在公共领域中引入竞争机制，使得服务的质量与效率得到显著提高。

一般而言，会采用以下两种办法实现公共事务的民营化与私营化：首先是将一部分原属于国有企业的所有权以出让股份的形式转让给私营企业，抑或是积极鼓励并扶持私营公司或者民间组织进入公共服务领域当中；其次是政府与民营机构之间可以签订与公共服务相关的合同，之后由政府以购买服务的方式将公益物品与服务的生产和提供民营化。

（4）将竞争机制引入公共部门

一直以来，在公共事务的提供上，政府都拥有着独占性与垄断性，所以并不存在竞争对手与压力，也不会因此出现成本上升的情况。在新管理主义当中，要求将"顾客至上""激励竞争"等积极的企业精神与理念和政府组织进行结合，从而使得政府蜕变为更加精干、强能、高效的新政府。另外，处理使用民营化以及承包出租等手段之外，还可以采用的新措施有以下三点：其一，可以开放各基础设施，使得拥有者与使用者都能够参与到竞争当中的"共用承载器"；其二，不再使用传统的集中配置的做法，推动公共服务分散化以及服务机构小规模化，使得客户能够更加自由且方便地选择，促使公共组织之间为了获得客户而开始竞争；其三，利用经营分割，对原来的垄断行业的经营范围进行重新划分与强制性的限制，并且可以在部分能够进行竞争的领域开展竞争。

（5）由重视投入转向注重结果和产出

传统的官僚主义政府更为重视投入而不是结果，于是，其中的职员会不择手段地危害自己的职位，并试图建立属于自己的"独立王国"，想尽办法扩大预算，争取更多的人员和更大的权力。由于分析技术的发展和相关知识的积累，如今对行政的实际效果的测定成为可能,于是,政府改革的一个重要内容就是注重效果、注重业绩,而不再是注重投入。

(6)利用社区资源实现公共利益目标

面对公众对政府信任度不断下降的趋势,不少国家对政府、市场与社区的角色重新定位,特别是把传统政治学、行政学很少讨论的"社区"概念,视为设计未来公共事务治理模式的关键因素。"社区主义"的治理模式强调自下而上的公民参与,这使得公共政策的制订更符合民众最直接的需求。这样做,一方面提高了公民自理社会问题的能力;另一方面降低了公众对政府行为的过高期望,减缓了由日益复杂的公共问题所导致的政府与民众的紧张关系,形成政府与公民"双赢"的局面。

(7)规定明确的服务标准和公众享有的权利

把需要服务的公众视为公共机构的顾客,通过调查、征询意见,建立明确的服务标准,向顾客做出承诺并赋予顾客选择"卖主"的权利,以实现改善公共服务质量的目的。

第二节　社区治理的内涵

一、社区治理的含义

社区治理首先需要保证法治化与规范化的前提,其本身是由政府行政组织、社区自治组织、社区居民等多元主体共同管理社区公共事务的活动。社区治理与社区管理之间存在差别,传统的社区管理更为重视社区本身的行政色彩,强调政府在社区中的领导地位,在对社区的各项事务进行管理的过程当中重视使用行政的手段。社区治理则主要从治理的理论基点出发,认为在社区治理当中,政府是作为权利主体中的一个出现的,并不属于社区治理当中的唯一权威,所以可能会发挥出更好引导与服务的作用,而不是单纯的行政性的强制效果,以便引领社区能够逐渐发展到"自我教育、自我管理、自我服务、自我约束"的理想状态。社区治理的目标主要表现为利用多元权力参与其中,在多元权利的格局的职责分明却又相互依赖的基础之上有效促进社区实现良治,从而更好地发扬民主、整合资源，有效促进社区的建设。总的来说，这不仅是政治体制改革的过程，也是发扬民主的过程，还是社区建设以及提高居民生活质量的过程。

我们可以将社区治理看作将治理利用应用于社区层面上，抑或是社区范围之内的公共事务进行治理。不同于过去的政府或者准政府机构对于城乡基层的社会统治与管理，社区治理本身主要是指一种基于共同目标的社区公共事务方面的活动或者管理机制。这些活动的主体并不一定必须是政府，也并不必然需要依靠国家的力量才能够实现。其主体主要为在社区范围之内的不同的公私行为，根据各种正式的强制性的法规，以及一些非正式的人们自愿遵守的规范约定，在协商谈判、资源交换以及协调互动之后，共同对于社区居民的利益密切相关的公共事务进行有效的管理，由此就能够更好地增强社区凝聚力、提高社区自治能力、增进社区成员福利并有效推进社区经济和社会进步的过程。

以上与社区治理相关的界定表明了社区治理概念本身主要包含以下四层含义。

第一，社区治理的行为主体不再是过去的政府独大的情况，而是逐渐发展成了多元化、多样性的行为主体共同参与其中的新格局。在已知的各种类型的行为主体当中，能发挥决定性影响作用的因素是权力机关的行为，但是，它并不是唯一和具有最终决定权的因素。在社区范围之内，通过建立政府机构与非政府机构、公共机构与私人机构、个人与组织之间的协商与合作机制，使得社区内部的公共事务能够被共同决定与处理，从而确保城乡基层社会能够真正迈向自治。

第二，社区治理本身是一个长期的过程，其主要目的不仅有完成某些特定且具体的经济与社会发展的任务，还比较重视社区内部各种基本要素的培育工作，其中包含社区组织体系的发育完善、社区内部成员参加各项公共事务的积极性与能力的增长、社区中正式的和非正式的制度规则的形成、社区中各行为主体之间的交往互动方式和机制磨合等。

第三，社区治理的行为指向的是社区中的公共事务，这是一个直接关系到整个社区的切身利益的范围广阔的领域，其中主要包含社区服务与社区照顾、社区公共卫生及疾病预防、社区文化和精神文明建设等。若要实现社区公共事务的治理与善治，就必须最大限度地挖掘并整合整个社区的内外资源，其中主要包含人力资源、物力资源、财力资源、智力资源、政策资源等。

第四，我们可以将社区治理看作与政府行政化管理方式有一定差异的、较为特殊的社会管理模式,通过观察发现,其权力运行的方向并不是单一与自上而下的,更多地表现为一种多向度的、上下互动的过程。若要实现自身管理的目标。其本身并不是使用发号施令的方式以及执行相关政策的方法,主要会采用合作、协商、伙伴关系以及确立并认同某一个共同的目标等方式。所以说,在社区治理的过程当中所需要的社会秩序与权威本身并非来自法律的赋权,其主要依靠人们内心对其的接纳与认同。总的来说,社区内部的管理机构与管理人员应当发挥自身最大的努力并对各公民之间以及公民与政府之间的利益矛盾进行协调,从而使得公共管理活动更能受到公民的认可。

二、社区治理的基本原则

社区居民利益的主体性和本位性是社区治理当中的最为基本的价值观念。一般而言,我们认为社区治理存在以下六个原则:其一,地方政府应当重点关注地区的整体福利;其二,在社区治理当中,地方政府所扮演的角色只能够根据它是否贴近社区以及社区居民、是否使他们增权进行评判;其三,地方政府必须承认其他的公共、私人、志愿组织的贡献,其主要职责表现为促进而不是控制;其四,地方政府应当确保相应资源能够充分应用到社区的发展当中;其五,为了更好地利用相关资源,地方政府应当进行认真、细致、深入的考察,因地制宜地选择实施办法,以确保能够满足居民的需要;其六,若要证明自身的领导能力,地方政府就应当充分了解、协调与平衡各种各样的利益关系。我们认为社区治理的主要价值基础就是民主,政治基础表现为自治。所以我们可以说,社区治理与社区自治、公民的参与有着十分密切的联系。

社区治理既包含社区自治的主题,也包含公民参与的主题。一种建立在民主与自治基础上的社区治理需要遵循四大原则:一是参与,社区各组织与居民必须直接或间接地有效参与社区事务,政府也应该致力于建立各种渠道,鼓励居民参与;二是法治,治理应该是建立在公正的法律基础之上,并有高水平执法能力的组织或机构,依法自治;三是透明,在治理过程中保证信息和决策的公开透明,使公民明确自己的利益与权利,并利用相关信息自主决策,基层政府必须把相关信息以简洁明了的方式告知居民;四是反馈,各种组织或机构必须在特定的期限内回应居民的要求与问责。

第三节 社区治理的主体

一、社区治理的主体与内容

通过对社区治理的内涵进行研究，能够明显发现社区治理的主体呈现多元化的特征，其中，社区治理的主体指的是社区利益相关者，是对社区需求与满足存在直接或者间接利益关联的个人与组织的总称。其中，社区公共事务的属性直接决定社区利益相关者的多元性与复杂性。社区公共事务并不是某项公共产品，而是公共产品的组合，它并不是指某一个家庭或组织的需求，而是涉及多个家庭与多个组织的共同需求，我们将其看作个体需求的集合。社区公共事务涉及多个行为主体之间所存在的复杂权利关系，若想要有效解决个体需求表达与整合的问题，就需要建立起科学合理的集体选择机制。治理社区公共事务需要社区利益相关者贡献资源、分摊成本、共享利益，由此就需要建立起平等协商机制，以确保实现资源的倍增效应。

社区治理的主体不仅包括居民，还包括各种组织。从组织的性质角度可以将社区治理的主体分成三大类：一是政府组织，包括各级党组织与行政组织；二是民间组织，包括社区自治组织（居民委员会、业主委员会）、社区非营利组织（各类非营利的服务型、事务型组织）、社区居民文体娱乐团队、社区志愿组织等；三是经济组织，包括营利性的驻社区单位和其他参与社区治理的经济组织（如物业公司等）。

因为各参与主体本身所掌握的资源并不相同，所以彼此之间逐渐形成了一种相互依赖的关系。对于政府部门来说，因为社会事务逐渐增多，而政府部门本身却在追求企业型政府的效率与效益，所以会选择将部分权力下放给社会组织，使社区居民能够主动寻找解决问题的办法，最终实现社会组织与社区居民的合作。对于社会组织来说，若要获取合法性，就必然需要接受政府的领导与管理，只有在民政部门进行登记与注册之后，才能够进入社区内部开展工作，其中，特别是街道与居民委员会的合作，必须得到政府的授权。对于政府来说，为发展社区经济并为社区居民创造就业机会，就需要借助社区内部经济组织的帮助，最终促使社区保持稳定并得到发展。另外，对于经济组织是否拥有进入社区的权利这一问题，需要社区居民与社会组织对其进行评估，并根据政府政策决定是否准入。

如果说社区治理的主体是社区利益相关者，那么，社区治理的内容就是社区公共事务。公共事务一般是指涉及社会公众的生活质量和共同利益的一系列活动及其实际效果。所谓社区公共事务，从宏观上来说，所有按照属地原则被分派到社区当中，并以社区为单位进行组织、协调与运作的公共事务被称为"社区公共事务"；若从微观的角度上来看，社区经济、社区教育、社区文化、社区福利等等都可以看作传统的社区公共事务。在现如今的市场经济体制的背景之下，那些被重新规划的社会治安与社会服务等都可以被认作社区公共服务。值得注意的是，社区公共服务本身十分繁杂，在进行社区治理的过程当中应当重点促使政府、社区自治组织、营利组织与非营利组织等进行团队合作，使各方资源能够被整合在一起，最终成为社区内部的共同合力，由此就能够更加方便地对社区公共事务问题进行处理。社区公共事务本身属于公共物品，其本身有着非竞争性、非排他性、社区性、多样性、外部性的特征。社区内部的各种公共产品的属性本身就表明，为确保能够为社区有效供给公共产品，就需要建立起一个多元互动的社区治理结构。简单来说，因为社区内部的各种公共产品本身具有非排他性与非竞争性，这就会使得人们逐步建立起"捡便宜"的行为。由此就需要建立一个相互之间能够沟通交流与牵制的机制。值得注意的是，在社区公共产品的提供过程当中，政府与市场在其中并不是唯一的，第三方部门本身也并不可能是唯一的解决之路。公共产品的提供本身属于一个多元主体进行互动的过程。

社区建设是中国社会基础结构的重组和社会资源整合的过程，也是政府、市场和社会的互动过程。目前我国所推进的社区建设就是要将在计划体制背景下所构建的"单位制"在其解体过程中进行基层社会的整合，并在市场经济发展中重新构建一个以社区为基本单位、以公众积极参与为基础、以公众为主体、以公共管理社会化为目标的城市治理体系。在此，社区为市场经济体系背景下的社会整合、公共管理和公共服务提供了一个新的平台，以便各种政府的、市场的、社会的组织或者公民个人通过在平等基础上逐步建立起来的合作、协商和伙伴关系，实施公共事务管理，提供公共服务，维持公共秩序，并以此解决社会转型及其后的公众生活保障和生活质量问题。

二、社区治理主体的作用

只有真正将社区治理当中所存在的不同主体进行协调与配合，才能够实现社区治理并提高社区的善治程度。现阶段我们已知的能够对社区建设加以支撑的主要有以下三个主体：政府组织、经济组织、民间组织，它们在社区治理当中占据着不同的地位，扮演着不同的角色，无论其职责还是作用都存在一定差异。对各社区治理主体进行明确的职责划分，充分发挥各个主体的作用。

（一）政府组织在社区治理中的作用

政府是国家的代表，而国家需要多个政府组织的存在，才能够体现出这一特征，通过对全球的社区发展历史进行研究，我们能够明显发现，社区治理本身需要政府力量的参与，而且政府在社区治理当中也发挥着主导作用。除此之外，我国的社区建设以及社区治理本身都是政府进行倡导与引导之后的结果，政府不但是社区建设的倡导者，还是社区建设的领导者，通过对比可以发现，在社区治理当中，我国的政府组织一直处于突出地位。现阶段我国正处于经济社会体制转型的背景之下，政府组织需要发挥出以下5点作用。

1. 界定社区

若要开展社区治理，首先需要保证社区本身的稳定。现阶段我国的社区建设并未重点明确社区定位。部分地区将社区认定在街道办事处的层次上面，认为社区就是街道办事处辖区；有的将社区界定在居民委员会层次上，认为一个居民委员会辖区就是一个社区；还有的将社区界定在街道办事处和居民委员会之间的层次上，通过在街道办事处之下居民委员会之上重新建立社区居民委员会，之后将其作为社区范围。因为社区本身在界定上并不统一，所以我们可以根据社区本身的人口规模与居住状况等因素对社区范围进行界定，所以，接下来的重点就是对法定社区的划分。

2. 把握社区治理的政治方向

为更好地把控社区治理的政治方向，政府组织应当建立起一定的机制，从而体现出社区治理中的政治意义。简单来说，就是通过社区建设所形成的社区组织与相应的社区治理，不但能够确保所提供的公共物品本身的质量与水平，还能贯彻落实我党的基本方针与大政方针以及国家的法律法规，始终保障在政治上与中国共产党保持一致性，使得社区居民的各项政治权利能够得到落实，充分体现出法律规定的各项义务。

3. 完善社区治理的法治体系

在社区治理体系当中，不管是政府组织、经济组织还是民间组织，各自的地位、职位等法律法规并不完善，其中最令人遗憾的是与组织运行相关的可操作性规定，如组织目标、组织责任、运行经费等几乎都是空白的。所以说，随着社区建设的不断深入以及社区治理的展开，就必须形成并完善社区治理运行过程当中需要遵守的法律法规体系。在当前背景下，这一体系规范的重点是政府组织在社区治理中的行为，改变政府及其派出机构——街道办事处与基层群众自治组织之间客观存在的行政上的上下级关系，防止群众自治组织变成政府的"腿"，并重新界定政府职能，改革行政管理方式，简政放权，还权于民，重塑政府，形成群众自治发展的必须空间，并培育和管理好各种民间组织。此外，还应包括如何实现社区资源共享、如何保证社区治理所需经费的投入等方面的制度措施。通过建设科学合理的法律法规体系，使得社区治理过程当中能够做到有法可依、有规可循，并在不断发展过程中实现社区治理的制度化与规范化。

4. 提供公共物品和公共服务

在社区治理的过程当中，政府本身就承担着公共物品与服务提供的职能。其中主要包含社区基础设施的兴建、社区治安的管理、园林绿化的保养、社区内困难群体的救助等方面。政府提供公共物品与公共服务是因为公共物品的特点和政府的职能。由于这些公共物品具有无偿性和不可分割性，因而很难避免"搭便车"现象的出现，只有政府才能承担这些社会职能，提供诸如道路整修、环境治理之类的物品。同时，政府作为"收税人"，也有义务向作为"纳税人"的居民提供必要的公共服务，如良好的治安、优美的环境、健全的社会保障等。即便是社区参与到社区福利、社区医疗、社区环境卫生等工作中去时，政府也要根据"权随责走，费随事转"的原则，给予必要的权力与财政支持。

5. 规范社区内部公共物品的提供

政府本身不但承担着提供公共物品与服务的职能，还应当对社区内部的部分物品与服务的生产与提供进行规范。因为这些物品和服务都关系着社区公众基本生活，属于公共物品范畴中的收费类的准公共物品，这些物品的提供方式必须在政府管制下进行。这些准公共物品的提供者可以是政府，也可以是经济组织或者民间组织，但是强化这一特殊物品的管理是政府的基本职责。当然，这类物品都是有偿使用的，如果政府是直接提供者，收费是为了补偿其提供成本；如果由其他组织提供，政府则要限定价格，不可使提供者获取过多的利润，从而妨碍使用者的利益。

通过上述对于政府组织在社区治理当中所承担的职责的分析，我们能够明显发现，政府组织一直处于主导地位，其主要作用是启动社区建设，并积极引导社区逐步走向善治，不但要积极推动社区治理的发展，还要为社区治理提供必要的法律政策保障，提供与规范社区内部公共物品和服务等。

（二）经济组织在社区治理中的作用

无论是怎样的经济组织，都需要在一个具体的社区中运行，随着单位人逐步转变为社区人存在于社区中的经济组织，尽管需要严格按照市场机制进行运营，从而在市场竞争当中获取利润，但是，任何经济组织的运行都需要拥有大量的社会型与服务型的工作，这些工作不可能完全由经济组织自身承担，还需要由经济组织所在的社区共同承担。与此同时，经济组织也应当主动将自身所拥有的一些资源提供给社区使用，从而实现资源的有效利用以及资源的共享，一般而言，经济组织在社区治理当中应发挥以下4点作用。

1. 参与社区党组织建设

社区党组织建设在党的建设领域中属于一项全新的工作，对于经济组织来说，参与社区党组织建设而言亦是如此。因为长期以来，城市管理体制侧重于条块分割、自成体系，所以社区内经济组织并没有对社区的党建产生较大的认同感与参与感。但是为了更好地推进社区建立与社区治理，每个社区经济组织都应当积极主动地参与到社区的党建联席会以及党建研究会等形式的组织活动当中，以便加强自身与社区党组织的联系，更好地将党的方针路线以及相关政策在组织活动当中贯彻落实。经济组织通过对社区党组织建设的积极参与，逐渐使经济组织以及组织内的在职党员转变社区治理与己无关的思想，调动组织内部广大党员群众的积极性，使得党的路线、方针、政策在组织内部、在社区的贯彻实施中发挥先锋模范作用。

2. 参与社区治理活动

在通常情况下，经济组织是社区中的重要组成单位，而且还是社区建设与社区治理的重要参与力量。经济组织需要积极参与到社区治理当中，以便更好地实现资源共享与共驻共建的目标。一般而言，经济组织参与到社区治理当中主要包括以下三点：第一，经济组织参与到社区协商议事机构中去，通过社区协商议事机构发挥社区内部各种经济组织的人力、智力优势，共同出谋划策，探讨社区治理的途径和方法；第二，经济组织参与到社区管理机构中去，通过社区管理机构协调社区内部各个经济组织的活动，规范各自的行为，共同为社区良好治理做出自己的贡献；第三，经济组织参与到社区自治机构中去，通过参与社区自治机构的活动，为社区民间组织的产生发育以及社区自治力量的发展提供条件和契机，从而推动社区自治的发展。总之，经济组织只有积极加入所在社区的各种机构组织中去，才能发挥经济组织在社区治理中的优势，为社区良好治理做出贡献。

3. 提供一定的财力和物力支持

在市场经济体制的背景之下，经济组织本身的运营需要严格按照市场机制，并通过市场竞争获取利润，最终实现自身的发展壮大。但是无论是怎样的经济组织都需要在具体的社区当中运行，并且时刻需要大量的社会型与服务型的工作，这些工作需要由经济组织所处社区承担。经济组织若要平稳运行就必须依靠社区为其提供的各种服务以及创造出的良好的生产、生活与工作的环境，经济组织的运行会受到社区所提供的服务质量水平的影响。所以说，经济组织在组织经济管理以及搞好组织运营的前提之下，可以为社区服务的改善工作以及社区环境的建设提供一定的财力与物力的支持，由此不但能够提高社区服务的质量，还能够使得经济组织充分参与到社区治理当中，使得社区居民对组织的认同度得以提高。

4. 提供人力、智力资源

在社区内部通常存在着从事各种各样职业的经济组织，并且，经济组织为了能够在市场竞争当中壮大与发展，就需要通过各种方式吸纳优秀的人才，由此各个经济组织当中都存在着各种各样的人才，并且他们在某些领域有着自己的专长，甚至是某一领域内部的专家。因为社区内部拥有的各种各样的经济组织中存在着众多的人才，所以无论是人力资源还是智力资源都存在着显著的优势。另外，因为社区组织与社区居民本身需要各种各样的服务，所以为了能够满足各方面的需求，仅仅使用单纯的社区服务组织自身的力量并不能够获得理想的效果。所以说，在参与社区治理的过程当中，经济组织需要充分发挥自身所拥有的人才的优势，为社区组织与社区居民提供各方面的人才，以便能够满足其需要，为社区治理提供人力资源与智力资源。

通过对社区治理当中的经济组织的功能进行分析之后发现，经济组织本身也是社区治理中的重要参与者。经济组织能够利用市场机制，在经营管理活动当中获得利润，并且在掌握市场竞争主动权的时候，还为社区的良好治理贡献自己的力量，并在社区治理中承担相应的责任，履行自己的义务。若是想要实现社区良好治理，就需要社区内部存在的各种经济组织发挥自身的良好作用，并参与到社区治理当中，另外，经济组织的参与应当始终秉持因地制宜、互利互惠的原则。经济组织需要主动参与到社区党组织建设当中，积极参与社区治理活动，并为社区提供一定的财力与物力的支持，以及人力与智力的资源，从而实现资源共享、共驻共建的目标，除此之外，社区也应当为经济组织提供全方位的服务，对各项公共事务与公益事务进行统筹，从而为经济组织的生产、生活与工作创造一个良好的自然与社会环境。

（三）民间组织在社区治理中的作用

尽管很多民间组织是跨省与跨区域性的，但是还有很多民间组织广泛存在于社区内部，也经常被人称作"社区中介组织"。随着国家经济社会体制的转变以及在这一过程当中政府权力逐渐下放，同时资源配置的格局得到了调整，存在于我国的民间组织也开始获得了发展的条件与契机，在城乡基层社区建设过程当中，各种各样的公益性与服务性的社会团体与民办非企业单位开始大量产生。由此，我们可以断定，随着改革的不断深入，新兴的社区中介组织也在不断地发展与壮大。民间组织的根本目的并不是盈利，并且主动承担社会公共事务以及公共福利事业，在社区发展过程当中发挥重要作用。所以说，为了更好地推进社区治理的发展，我们需要明确民间组织在社区治理当中所发挥的作用。

1. 拓展、提供各种社区服务

现代意义的社区主要指的是生活在一定区域内的居民的生活共同体，随着近年来经济水平的提高，居民的生活水平与生活质量也在提高，对于社区的依赖程度也在逐渐增强，对社区的服务功能也开始有更高的要求，希望增加更多的内容。相比其他组织，民间组织更为适应社区或者社区内部的各类弱势群体的实际需要，并且始终坚持首先满足居民的要求，而这也促使社区服务在向着更深的层次与更广的范围拓展。因为这些组织存在的基础是居民的需要，所以他们更能够获得居民的认可，也更容易引导居民参与到各种活动当中，还能够通过组织各种活动，为居民提供花样繁多的服务，充分满足居民的需求。

2. 协助政府提供公共和公益服务

随着我国经济体制的转变，政府的经济社会管理职能也发生了变化，曾经存在于计划经济体制之下的全能政府正在逐步转变为市场经济体制之下的有限责任政府。在此过程当中，很多原本由政府或企业所承担的社会职能会被逐步剥离出来，由民间组织来承担和协助，甚至会直接代替政府为社区居民提供公共性与公益性服务。值得注意的是，民间组织代替政府为社区居民提供这类服务的方式，不但能够有效解决官僚主义，以及低效率、服务质量差等问题，还能够借助政策的调控与奖励，更好地扶持民间组织的发展，并且有效增强民间组织的责任感与使命感。

3. 协助居民表达和维护自身权益

在社区当中，不同的群体有着属于自己的、与其他群体不同的利益，每个人都有权利表达与维护自己的合法权益，但是相比于组织机构，个人始终处于弱势地位。个体发表的意见很多时候尽管十分正确，又或者能够充分代表某些群体的共同意见，但是只因为没有组织起来，所以常常会被认为是个别人的意见，这就很难被重视。而民间组织本身占据着中介的位置，它不仅是居民利益的代表者，也是政府管理的合作者，所以它的存在能够促进政府与居民之间的有效沟通，从而代表社区居民充分表达出自身的意愿，最终成功维护自身的合法权益。

4. 动员和组织居民参与社区治理

社区治理有一个重要前提是需要社区居民广泛参与其中，否则社区就很难获得良好的治理。人只有拥有共同的需求，才有进一步进行交往的欲望与基础，所以，民间组织之所以能够成立，正是因为他们有着共同语言、共同需求、共同基础。通过将有着共同特点或者需求的人组织起来，建立起相应的组织并开展各种形式的组织活动，社区居民在交往与沟通上有了更加优良的条件，也能够有效促进社区居民共同体的形成。因为民间组织的存在与发展，使得民众的组织化程度得以有效提高，不但能够充分吸引社区居民广泛参与到社区治理当中，而且能够更好地帮助社区居民提高参与社区治理的水平。

通过对民间组织在社区治理中的功能进行分析之后我们能够明显发现，对于社区服务与社区治理来说，民间组织是重要的力量，其在社区治理当中发挥着政府组织与经济组织所不能替代的重要作用。民间组织在发展的过程当中逐渐拓展了社区服务的领域与范围，之后不断从政府与企业手中接收被剥离的部分社会职能；另外，民间组织的存在还能够有效帮助社区居民维护自身的合法权益，也能够更好地动员与组织社区内部的居民参与到社区的治理当中。

第三章 社区治理体制的历史变革

通过准确把握社区治理体制的内涵能够更加明晰地对我国的社区治理体制的历史沿革进行梳理，并且由此也能够更好地对我国社区治理体制改革的基础进行正确的理解。本章主要内容为社区治理体制的历史变革，介绍了社区治理体制的含义，单位制、街居制与社区制和社区治理体制改革的总体框架。

第一节 社区治理体制的含义

一、体制与制度、机制的概念辨析

若要对社区治理体制的内涵进行正确的了解，就需要对制度、体制、机制进行明确的辨析。

一般而言，"制度"指的是社会制度，是建立在一定的社会生产力发展水平的基础之上，能够充分反映社会的价值取向与价值判断，是一种由行为主体建立起来的对活动主体与社会关系进行调整交往的有着正式形式与强制性的规范体系。根据性质与范围，我们可以将制度划分为以下三个基本层次：根本制度、基本制度、具体规章制度。其中，根本制度指的是与生产力发展的一定阶段相适应的经济基础与上层建筑的统一体；基本制度则是指社会的具体组织机构；具体规章制度指的是由各种社会组织与具体的工作部门所规定的行为模式与办事程序规则。

在《辞海》当中，"体制"有着如下释义："国家机关、企业事业单位在机制设置、领导隶属关系和管理权限划分等方面的体系、制度、方法、形式等的总称。"[1] 体制本身属于制度形式之外的具体表现与实施形式，其中制度直接决定体

---

[1] 辞海编辑委员会. 辞海[M]. 上海：上海辞书出版社，2019.

制的内容，并且通过体制表现出来，体制的形成与发展会受到制度的制约。一种制度也能够通过不同的体制表现出来，如社会主义经济制度不但采用计划经济体制的做法，还能够使用市场经济体制的方法。基于一定的条件与范围，基本制度、具体的规章制度以及体制之间能够实现相互转化。

"机制"的本义指的是机器的构造及其运作的原理，后来用来指事物的内在工作方式，其中主要包含有关组成部分之间的关系以及发生的各种变化的相互关系。机制本身属于制度，为了实现某些特定的功能，需要利用制度系统当中的组成要素按照一定方式的相互作用实现，机制的运行规则本身是由人为进行设定的，有着十分明显的社会性，竞争机制、市场机制、激励机制等。

另外，从广义的角度上来说，制度、体制、机制都属于制度的范畴，它们彼此之间不但存在着区别，还有着密切的联系。制度会对体制与机制产生制约，与此同时，体制与机制也会对制度巩固与发展产生影响，发挥着积极的促进作用。

二、社区治理体制的内涵

社区治理体制指的是在社区治理当中的组织体系与运转模式，简单来说，就是社区治理主体的组织结构、职权划分和运行机制的总和。社区治理工作的基础与保证就是社区治理体制。社区治理主体的组织结构指的是所有参与到社区治理中的组织，在结构上应当呈现多层次、多系统的网络式结构。其中，多层次就是指由市（区、县）、街道（镇）、居民委员会、居民代表组成的多级管理体系；多系统指的是由政府行政管理系统、社区自治管理系统、社区生活服务管理系统共同组成的横向管理体系。职权划分指的是根据相关法律法规的要求所确立的政府、社区自治组织、社区服务组织等的管理职责与权限。运行机制指的是社区管理权力的运行与制约的方式，简单来说，就是由参与社区治理的党政组织的推动力、社区自治组织的原动力以及社区单位的潜在力等形成的社区治理的整体合力。通常情况下，在管理方式上会表现为制度规范、标准化管理。

第二节 单位制、街居制与社区制

一、单位制

单位制诞生于中华人民共和国成立之后,是社会管理的产物,其主要是为了适应计划经济体制,有着政治、经济、社会三位一体的功能,以及行政性、封闭性、单一性特征。单位制的形成本身有着相应的历史背景,且在当时发挥着十分重要的社会整合作用,但是也带来了相应的制度性的后果,直接导致了总体性社会和依赖性人格的形成。在改革开放之后,所有制结构出现了变化,社会主义市场经济体制开始建立,社会的流动性逐渐增强,使得单位制逐渐土崩瓦解,再没有生存的土壤。

(一)单位制产生的背景

其一,惯性的经验思维。在中华人民共和国成立之后,工作重心逐渐从农村转移到城市,但是我党并不具备足够的城市社会管理经验,所以只能根据过去的各种军事组织的经验开展工作。在战争时期,我党总结出了一套特殊的管理体制,就是实行"公家人"管理,简单来说,就是对所有人都实行供给制,包含衣、食、住、行、生、老、病、死等各方面,并且根据不同人的职务与资历裁定不同的供给标准。这套管理体制使得我党和我们的军队无往不利,最终取得胜利。于是,在中华人民共和国成立之后,尽管已经将曾经实行的供给制转变为工资制,但是曾经存在的"公家人"管理模式还是通过单位制度延续了下来。

其二,压力的现实情况。在中华人民共和国成立之后,中国共产党面临着十分严峻的"总体性危机"。一方面,在晚清之后,中国因为受到侵略与军阀混战的影响,中央政权逐渐式微,且现代化的进程十分坎坷;另一方面,传统的社会秩序受到了严重破坏,整个社会长期处于混乱的局面,民众的力量始终是一盘散沙,并不能被完全凝聚起来。所以说,若想结束混乱的局面,使得整个社会的秩序得以重新建立,并确保中国的政治与经济能够回归正确轨道,首先需要将整个社会组织起来,构建出科学合理且有效的组织体系,所以在当时,单位制成为必然选择。

其三，要求的理想状态。经过百年的战乱与屈辱，中国大地满目疮痍，加上人口众多各种资源十分稀缺。但是为了尽快摆脱落后的局面并向世界证明社会主义的优越性，全国上下顶着沉重的压力开始建设自己的工业体系，而这就需要国家进行强有力的动员与资源配置，成功将全国的庞大人口与有效的资源集中起来进行建设，为实现这一目标，选择单位制是必要的。

我们将国家以每个具体单位为中介，对人们的社会生活进行全面管理的社会管理体制简称为"单位制"，这项体制是我国传统的计划经济体制之下的社会管理体制的核心。单位制将所有劳动者都纳入各类劳动组织当中，并且由这些劳动组织依据国家发布的总体计划，对所有劳动者进行合理的分工，并向其支付生活的必需品，除此之外，还会积极组织这些人开展本职工作之外的各种政治与社会活动，并对其进行管理。

（二）单位制的特征

第一，单位体制的承担者是各种单位，单位又是相对独立的社会组织。在国家计划和政策的约束下，它们可以相对独立地运行。

第二，单位是国家的代表者或代理人，在某种程度上它是国家的缩影。企业、事业组织的这种细胞性质决定了它们的"单位"性质和地位。

第三，作为单位的社会组织具有部件性。每一个单位都是整个国家大机器的一个部件，它们服从于国家的整体利益，并按照国家的要求运行。

第四，对单位成员活动进行全面的组织与管理。不但单位成员的本职工作被单位进行严密的控制，而且他们还会被组织起来参与各种政治与社会活动，这些活动共同构成了单位整合的促进要素，还反映出了单位的整体性特征。

第五，单位对其成员全面关照。单位不但会依据国家的规定向相关成员支付工资，还会为其提供各种福利，值得注意的是，这些福利不但会照顾到单位成员本身，甚至还会扩散到单位成员家中的一些老幼病残的成员。

第六，成员对工作单位高度依赖。因为单位掌握着所有成员以及成员家庭的生存、发展的所有资源，所以成员会全面且高度依赖工作单位，遇到问题与困难的时候，寻求单位的帮助已经成为所有成员解决问题的相同模式。

第七，单位的层级性。每个单位都被置于以职能为基础的纵向管理链条之中，它们对上负责，完成上级下达的任务，并接受上级的管理。因此每一个单位都具有行政级别，而级别不但反映了单位在社会政治生活中的地位，也反映了它们获得国家分配资源的机会，级别越高，掌握的资源也就越多。

第八，单位的同构性。全国形形色色的企业、事业组织几乎都是按照同一模式组织起来的，在中央的统一号令下运行。

单位制的出现是为了解决国家的"总体性危机"所选择的一套社会组织体系，它的存在更加方便了当时高度集权的政治体制的运作，也方便了计划经济体制的实施，有效促进了整个社会秩序的整合，保证了效率，承担着重要的功能，拥有重要的历史意义。

（三）单位制的功能

1. 政治动员功能

单位制度中的单位有着十分突出的政治功能，并且每个单位都拥有行政级别，而且所有单位主要由两个政治身份的人组成，分别是干部、工人，每个单位都属于行政体系当中的一个组成部分，所有单位当中都会设置健全的党群组织以便实现政治动员。所以，党和政府能够利用单位的高效率政治动员机制使用自上而下的行政手段，最终成功地组织群众积极投入政治运动当中，从而贯彻落实党和政府的方针政策。通过高度行政化的单位组织，使得党和政府的政治动员能力得到显著增强，从而在战略部署方面可以完成全国人民步调一致的现实行动。

2. 经济发展功能

在计划经济体制当中，国家几乎控制了所有的资源，而且国家也可以通过各类单位组织对这些资源进行调控与配置。党和政府能够通过编制单位隶属关系网络，使得所有的基层单位都隶属于自身的上级单位，而且确保上级单位能够对下级单位进行全面的控制与支配，这些上级单位又隶属于中央与省市行政部门。由此，党和政府就能够通过上级单位对下级单位进行工作任务的下达，也能够更好地对各项资源进行调拨与分配。通过单位制，国家能够更好地集中各种稀缺的资源，并将其投入现代化建设当中最为关键的领域，从而发挥最大的作用，以确保能够顺利实现国家战略意图，也使得我国的工业化体系快速建设拥有了良好的基础。

3. 社会控制功能

在中华人民共和国成立之初，为了摆脱旧中国的散漫无组织的状态，需要将全国的绝大多数人组织起来，由此就需要单位制的配合，但是中国的生产力水平较低，需要通过充分就业、劳保福利、分配住房、子女入学等制度实现整个社会生活的高度组织化。那时整个中国的人民几乎全部被纳入行政权力的控制范围当中，国家的触角也逐渐延伸到了全国的所有角落，以及社会生活中的所有领域，整个社会真正实现了高度整合。

（四）单位制存在的问题

单位制在发挥历史作用的过程当中也难以抑制地产生了一系列的后果，主要表现为以下2个方面：①对于整个社会来说，形成了"总体性社会"；②对于社会中的诸多个体来说，产生了依赖性人格。

1. 总体性社会

总体性社会是一种结构分化程度很低的社会。在这种社会形式当中，国家会对经济与各种社会资源进行全面的垄断，政治、经济、意识形态会存在高度的重叠，国家政权会对社会进行全面的控制。总体性社会主要是通过单位制作为中介实现的。简单来说，首先，为达到某一个经济建设与国家的发展目标，需要借助严密的单位组织系统，之后通过国家极强的动员能力，调动全国的人力与物力资源；其次，单位制呈现高度组织化，逐渐由过去的"国家—民间精英—民众"的三层结构转变为如今的"国家—民众"的二层结构，由此国家就能直接面对民众，所以信息的传递更加直接，但那时民众并未拥有有效地进行自下而上沟通的方式，所以社会秩序的位置只能完全依赖国家的控制力度；最后，单位制现象使得整个社会生活呈现政治化、行政化的趋势，存在于社会中的各个子系统并不具备足够的独立运作的条件，尽管通过单位制能够促进总体性社会的形成，并有效解决了旧中国的总体性危机，但是随着中国的发展，需要进行社会转型，而此时单位制的弊端开始显现出来，总体性社会即将步入终结。

2. 依赖性人格

单位制本身通过资源垄断与空间封闭的方式确保单位内的成员高度依附于单位，由此也就直接造就了单位成员的依赖性人格。

首先，在单位制度之下，由国家所控制的各种资源会通过单位进行调配。对于单位的成员来说，自身的生活福利只有一个来源，就是单位，不但工资收入由单位掌控，自身所享有的住房、副食品补贴、退休金、救济金、医疗保险等都由单位发放。而且在当时，体制外并没有可以自由流动的资源，所以离开单位就等于失去所有。单位控制着经济资源、政治资源、社会资源，还掌控着个人的提干、入党、出国进修等机会，所以，这种情况下的单位可以看作一个人的社会地位与身份合法性的界定者。

其次，单位还对成员的生活空间进行了限制。其中一方面，单位会通过提供各种福利设施满足单位内成员的基本需求，甚至有些大的单位还有专门的单位大院，所有成员长时间生活在一起，这极大降低了单位成员在单位外交往的可能性；另一方面，单位成员并不存在自由流动的空间，所有人都被禁锢在自己的工作岗位上，很难进行工作调动。在这种情形之下，整个社会并不具备太大的流动性，每一位单位成员自身的生活空间保持着相对稳定与封闭。

总的来说，单位通过垄断政治、经济、社会资源拥有了对单位成员的支配权，还可以通过对单位成员的社会自由流动进行严格的控制以便使其形成空间上的封闭，于是，不但没有自由流动的资源，也没有自由流动的空间，单位成员就只能全面依附单位，最终养成了依赖性的人格。

（五）单位制的解体

随着改革开放的到来，中国的社会发生了非常大的变化，逐步从传统且封闭的农耕社会迈步进入现代且开放的工业社会，在转型的过程当中，我国的所有制结构也发生了很大的变化，社会的流动性增强，社会主义市场经济体制已然取代了曾经的高度集中的计划经济体制，而这一系列的变化，也使得单位制逐步失去了自身生存的土壤。

一是所有制结构的变动。在改革开放之前，我国单一的公有制经济将所有的职工都纳入单位制当中，而在改革开放之后，这种单一的所有制结构逐渐解体，党和政府开始鼓励并支持非公有制经济的发展，而且公有制经济本身也呈现形式上的多样化。伴随着非公有制经济的发展，体制外出现了自由流动资源，而单位也并不能再全面控制员工。

二是市场经济的发展。计划经济体制因其高度集中的特性十分强调指令性计划，在对经济与社会进行管理的时候多会采用行政手段，于是就使得企事业单位成为政府的工具与附庸。现阶段我国已经迈入了全面建设与完善中国特色社会主义市场经济的时期,其中,市场经济十分强调市场规律且极为重视效率。通过推行市场经济能够使我国的国有企业与政府事业单位进行全面的改革。在国有企业当中建立起现代企业制度,并根据市场规律全面提高市场的竞争力;政府事业单位重点对旧有的体制进行改革管理,努力提升工作效率,最终实现政企分开、政社分开、事社分离。伴随着社会主义市场经济体制的兴起以及计划经济体制的没落,单位制的运行基础也不复存在。

三是社会流动的加剧。在改革开放之后,流通体制、劳动人事、社会保障等制度都在发生改革,我国社会也出现了广阔的自由活动空间。在城乡交界之地,曾经的农民开始抛弃土地涌入城市,甚至形成了全国规模的"农民工潮",于是曾经僵硬的二元格局逐渐开始发生改变;在单位之间,职员开始流动,很多国企中的职工也开始进入外资企业或者私营企业当中,很多内陆地区的优秀人才开始涌入沿海城市。

二、街居制

在计划经济体制时期,我国会采用以单位制管理为主的方式参与到社会管理当中,并且还需要将基层地区管理作为辅助。地区管理会利用街道办事处和居民委员会开展工作,我们将其统称为"街居制"。之后街居制逐渐发展起来,发展到现代,街居制本身的主要作用就是机械地、简单地、被动地接受上级下发的任务。直到如今,街居制伴随着社会的快速转型而逐渐面临着越来越多的新问题,甚至开始不符合城市社会发展的需要。

(一)我国街居制的发展

在中华人民共和国成立之后,党和国家的工作重心逐渐转向城市,这一时期,为了有效增强城市的政权与城市的管理工作,全国的很多城市开始建立街道一级组织与居民委员会组织。直到1950年的3月,伴随着天津市依据居民居住情况而建立起居民委员会,我国的城市居民委员会组织正式拉开了历史序幕。1954年的第一届全国人大常委会第四次会议制定并通过了《城市街道办事处组织条例》和《城市居民委员会组织条例》。其中对街道办事处的主要任务进行了规定:对市与市辖区人民委员会相关的居民工作的交办事项进行办理，并且对居民委员会的工作进行指导，重点反映居民的意见与要求。居民委员会的主要任务包含以下几点：对于居民相关的公共福利事项进行办理；集中反映居民自身的意见与要求；动员居民对政府的各种号召加以响应并严格遵守法律；领导群众性的治安保卫工作；等等。

在1958年，街道的机构与职能获得了极大的增强，在之后成立了街道党委，其主要目的是实现"政社合一"，简单来说，就是党、政、社高度合一，这一时期，街区权利高度集中，党几乎控制了街道内部的所有权利。之后，各级"革命委员会"开始建立，街道办事处也开始改组为街道"革命委员会"，居民委员会改称为"革命居民委员会"。

街居体系正式恢复于党的十一届三中全会之后，并开始了飞速发展。在1979年，街道革命委员会被正式撤销。街道办事处与居民委员会的机构与职能在1980年得以恢复，之后更是开始了急速发展。其中街道办事处在发展的过程当中，主要表现为以下三点：其一，工作对象被拓宽，在经济体制改革与社会结构转型的过程当中，街道工作的对象也逐渐发展到了辖区之内的所有的居民与所有的单位；其二，工作任务得到了拓展，城市管理进行了改革，并且居民自身的需求也逐渐变得多样化，甚至现阶段的很多街道办事处的任务已经拓展为100多项；其三，极大地扩充了机构的设置与人员的编制，现阶段的很多街道办事处的人数已经发展到了数十人，甚至超过了100人，组织结构也已经"科室化"。居民委员会的工作也在发展过程当中获得了很大的发展，其中主要表现为以下三个方面：其一，有效拓宽了工作范围，包含了社区的各个方面，其中包含宣传法律法规与国家政策，对居民的权益加以维护，以及处理各项公共事务等；其二，进一步提高了居民的自治水平，而且，如今很多条件成熟的社区已经开始了居民委员会直选的试点；其三，居民委员会充分调动居民以及辖区内部的各单位普遍开展便民利民的服务活动。

（二）街居制的特征

1. 在社区管理组织中，党委或工委仍然是领导核心

社区治理的唯一主体为政府组织以及派出机构，会直接垄断社区中的绝大部

分资源，并且其他组织很难成为社区内部的治理主体之一。尽管社区居民委员会在名义上是一个居民自治组织，但是实际上，它的身份、任职、薪资等各种费用都被政府掌控，所以它成了政府行政管理体制在社区中延伸出的处理工具，逐步成为政府与基层政权组织的"附属物"。

2. 社区管理手段仍主要采取强制性的行政方式

对于地方政府来说，社区居民委员会是自身的下属一级准行政机构，两者之间的关系为领导与被领导。而且，社区自治组织也经常将自己认作政府组织，认为自己是政府职能的执行者，各种社区公共事务的决策与处理全都由街道办事处与居民委员会进行，之后再通过行政管理的方式进行统一布置。可见，街居制的组织体系仍然保持垂直的科层制结构。

3. 社区成员社区治理的参与度较低

社区组织能够承担从政府集权向社区治理过渡的职能，它有助于满足多元需求与利益，促使政府职能转换，加强社区自治机制的建立。由于历史原因，我国社会与社区组织数量很少，种类以居民自娱自乐的组织和一些环保类志愿者组织居多，并且它们多是在政府管理下，很难形成有独立意志的参与主体。

社区居民参与社区活动和行使民主权利的渠道和平台不多，参与社区治理的热情不高，表现为以下三点。①参与主体不平衡，总体参与率低。目前参与社区活动和社区事务的主要是楼组长和楼组党员骨干、离退休老人、放寒暑假的学生、低保户居民四类人，而大多数居民较少参与，居民总体参与率偏低。②参与的积极性不够，以被动的志愿参与为主。一般居民缺乏参与社区活动与社区事务的主动性与积极性，即使是前述四类人的参与也往往是在居民委员会的大力动员之下才出现的。③参与形式单一，参与层次较低。居民的参与以执行性参与为主，决策性、管理性的参与较少。

（三）街居制存在的问题

伴随着改革的逐渐深入以及社会开始转型，我国的城市基层管理也面临众多新情况与新问题，而且街居制也开始面临众多新的现实难题，这些问题主要表现在以下3个方面。

1. 职能超载

在经济与社会发展的过程当中，我国城市的基层管理衍生出了诸多新的领域，致使街居制承担着越来越重的负载量。因为建立了良好的现代企业制度，有效推行了事业单位分类管理制度，并且改革了机关单位的后勤体制，所以各单位逐步将自己本来承担的政治行政职能与社会职能进行剥离，并将其交给政府与社会。当前，我国社会中间组织并不发达，基于此，我们所能够选择的唯一的接受主体是现阶段较为成熟的街居体系。另外，伴随着人口老龄化，以及无单位归属人员和外来人口的增多，街居承担了越来越多的管理与服务工作。当前中国已经进入了老龄化社会，很多街区的老龄人口出现了显著增多的情况，对于这部分老年人口来说，其活动空间大致为家庭所在街区，由此，就需要每个街区为这些老年人提供良好的生活环境与生活条件，甚至需要为其专门开设服务于老年人的医疗保健与文化娱乐等场所。自从改革开放之后，非公有制经济飞速发展，其中，无单位归属人员不仅是原有的部分未就业的家庭妇女与个别的社会闲散人员，还包括大量的个体户与私营企业主，待业青年与下岗人员等。为此，街居组织应当积极开展并加强思想教育与社会管理工作，以便能够起到社会整合的作用。伴随着城乡社会流动的逐渐加强，城市街区的外来人口也在逐渐增多。这些外来人口为街区的发展做出了很大的贡献，同时，也使得街区的管理工作承担了更大的压力。所以说现阶段的街区在管理对象上，除了包含作为主体的正式居民之外，也包含居住于本街区内的非正式居民，并且街区工作的主要内容也是为这两者提供管理与服务等。另外，我国的城市管理体制在改革过程当中，要求将管理重心进行下移，由此，相关管理部门将更多的任务下放到街区，街区也因此增加了更多新的管理内容。总的来说，目前，我国的街居体系不但承接了单位所剥离出的职能，还获得了很多新的管理领域，其本身需要承担行政功能与社会功能，甚至部分街区还需要承担一部分的经济功能。尽管街居体系现阶段所承接的职能大大超载，但仍旧不能完全满足社会发展的需要。

2. 职权有限

尽管街居体系完美承担了曾经单位外移的职能以及各种新出现与新增加的工作任务，但是街居本身权力十分有限。就街道办事处来说，街道办事处的财政与人员编制会受到上级政府限制，因为并不具备独立的行政执法权与完整的行政管理权,其自身只能接受各职能部门的委托或者担任行政职能传递者的角色。因为"条块分割"的存在,使得街道自身并不具备足够的能力,而且,尽管很多城市的管理任务都被层层下派到了街道,但是街道本身并不具备明确的职权,所以经常会出现"看得见、摸得着、管不了"的情况,各机构本身虽然拥有足够的权力进行管理,但是其本身只对上级负责,所以通常会出现"管得到的管不了、管得了的管不到"的情况。另外,对于居民委员会来说,所有工作人员的津贴、办公经费、活动开支等都是由街道进行下拨控制的,其自身并不具备财物支配权,但居民委员会的相关支出项目却只能被街道办事处批准。除此之外,很多街道甚至会为居民委员会的成员提供编制,这一做法加剧了双方的上下级关系,由此导致居民委员会的工作处于被动。

3. 角色尴尬

街居制本身的职能超载,但并不具备足够的职权,所以街居的角色会变得十分尴尬。街居组织本身处于政府与居民之间,根据实际情况进行分析,可以明显发现,街居较为侧重于政府,甚至已经变成了政府的事务处理工具,很多由市、区一级政府下派的任务都是其被动地执行,正因如此,居民委员会本身地位的尴尬逐渐突出。居民委员会群众性自治组织的地位逐渐被虚化,使其除了在日常工作当中完成规定范围内的种种工作之外,还要被动承担着由区、街道各部门所下发的庞杂的工作任务,长此以往,居民委员会逐渐发展成了各级党委、政府部门工作的承受层、操作层和落实层,不仅在工作上不堪重负,也使得居民委员会的自治功能难以得到实现,其法律地位难以落实,很难充分体现出居民的主体意识与参与意识,也就很难获得居民的认同。通过研究居民委员会我们能够发现,其本身过于依赖上级且很难真正深入居民当中,由此就导致政府的权威在基层的支持资源逐渐流失。伴随着近年来物业公司与业主委员会等组织逐渐成立,居民委员会自身的工作也面临着越来越大的挑战。

三、社区制

所谓社区主要指的是社会共同体,由有着共同价值取向的同质人口一起组成的,并且有着非常密切的关系,守望相助,非常富有人情味。在20世纪30年代,"社区"一词被正式引入我国,1986年作为一个名词,被广泛地使用。民政部为了更快、更好地推动和促进城市社会福利工作的深入改革，争取更多的社会力量积极参与兴办社会福利事业，并且把后者有效区别于民政部门代表国家办的社会福利，重新起了一个名字——社区服务，之后将其正式引入社会的相关概念。

为了进一步全面开拓民政工作，民政部在1991年又提出了"社区建设"的相关概念；国务院在1998年的政府体制改革方案当中，确定了民政部在原来基层政权建设司的重要基础上，全面设立基层政权以及社区建设司，从而快速促进和推动社区建设在全国范围的有序发展；国务院办公厅在2000年转发了民政部关于在全国快速推动城市社区建设的相关意见，并且在其广泛的影响下全面带动了社会建设在全国城市中的广泛开展。社区建设自身从某种程度上而言包含了社区管理体制的相关改革，由原来的单位制和街居制逐渐向社区制缓慢过渡。

（一）社区制的特征

社区制实际上是对街居制和单位制的有效重整与超越，与街居制和单位制相比在特征方面有着较大的不同，主要体现在以下两点。

第一，从管理理念的层面来看，面向我国全体居民，以居民为主和以人为本，将管理变为服务。社区制非常注重与强调对人的关怀，这些关怀是多方面的，如精神文化、物质利益等，同时也非常关注和居民实际生活有着紧密关系的日常事务。以前的街居制和单位制在控制思想方面比较强，严重限制和制约了人口的流动，固定了单位和职工两者之间的关系，社区制与前两者相比主要以服务为核心，对社区的资源进行合理、有效的配置，充分解决社区存在的各种问题，尽最大努力为社区居民全面打造一个良好的人文居住环境，不仅人际关系和睦、生活便利，环境与治安也都非常优美与良好，从而快速促进和推动人和社会、自然的健康、和谐、有序发展。

第二，从管理形式的层面来看，由以前对行政控制的强调，转变为对居民参与的强调。街居制、单位制与社区制相比，在行政功能方面比较突出和明显，尤其是在命令式的上级、下级科层方面有着非常浓厚的色彩。无论是职工和单位之间，还是单位和政府之间，均是服从和被服从的行政命令关系，在其影响下，市区政府、街道办事处与居民委员会之间的互动关系，也是严格按照行政命令模式来运行的。社区制与街居制、单位制相比，非常注重和强调居民参与，要求社区建设的具体实施、发展的各项规划等必须将社区居民的广泛参与充分展现出来，充分适应社区居民的广泛要求。社区的主体是居民，同时居民也是社区快速发展的始终动力源，非常重要，不可忽视。

（二）社区制出现的必然要求

1. 社区制是社会整合的要求

我国在改革开放之前，通过以街居制为辅、以单位制为主的方式，快速实现了对社会的超强整合，从某种意义上来说国家将社会完全取代，在体制之外，无论是自由活动的空间，还是自由流动的资源，基本都不存在，个人在主体性方面的地位严重缺乏。在1978年改革开放之后，单位制随着社会的快速转型逐渐解体，并且"单位人"在其影响下也逐渐转变成"社区人"和"社会人"，人们对社区与市场依赖程度越来越高，不再依靠单位解决日常生活当中遇到的各种实际问题。

随着我国市场经济的快速发展，流动人员和无单位归属人员的数量日益增多，与此同时，随着我国产业结构的不断调整与完善，下岗失业人员的数量增长迅速，并且呈现增多的趋势，这些下岗的失业人员和原来的单位基本没有联系。各居民区随着"提前退休"政策在我国的全面实施，以及人口的老龄化，其老年人口特别是退休的人员数量明显增多。以上这些全新情况的出现，增加了城市基层管理的任务和挑战。

我国原来的街居体系在承接这些工作的时候处于非常被动的地位，同时又因为出现的全新现实困境，导致其没有足够的能力去全面承担社会整合的重要且繁重的任务。另外，社会的力量也在社会不断变迁的过程当中得到相应的成长与发育，国家不可以再通过以前的方式将触角渗透社会的所有领域。也正因如此，在面对社会快速发展过程当中出现的全新形势与任务，需要努力实现社会整合的重要目标，并且在城市基层社会管理过程当中灵活运用社区制是必然的要求。社区通过灵活运用社区制进行有效管理，能够充分满足社区居民日常生活的各种不同需求，有效解决社区当中存在的各种问题，积极促进居民和居民之间的相互交流、了解，形成和谐、友好的人际关系，从而快速实现对社会利益的整体全面协调，推动和促进个人、社会的快速有序发展。

2. 社区制是人的全面发展的要求

1978年以来，随着我国改革开放政策的不断深入，无论是城镇居民的生活水平，还是城镇居民的实际收入水平，均得到了较大幅度提升。从需求层次理论的层面来看，在实际生活水平得到较大幅度提升以后，居民会对更高、更好的生活质量产生更高层次的追求，渴望追求丰富多彩生活的同时，也追求进一步实现自我价值，不再满足于吃饱穿暖。

2002年11月8日中国共产党召开第十六次全国代表大会，会议报告提出了全面建设小康社会的重要目标，具有一定的社会学、政治学以及人文意义。全面小康社会的内涵包含多方面的内容，如物质层面、文化层面等。人的发展是社会发展的本质，同时也是社会主义的本质要求。假如仅仅对物质的发展进行片面的强调和注重，非常容易出现异化社会的不良结果。

人是社区的重要主体，人的发展与社区有着不可分割的关系。想要全面建设小康社会，需要从多个不同的方面充分满足人全面发展的不同要求，如由物质文明到精神文明、从社会秩序到人际关系等。实际上，不管是街居制，还是单位制，都严重限制和束缚了人的全面发展，社区制与前两者相比，充分回归人性，真正达到了人全面发展实际要求的相关制度设计。

3. 社区制是党的工作落脚点的要求

党在以前计划经济体制下的工作主要落脚点是单位。在大多数情况下，党一方面将领导核心的重要作用充分发挥出来，另一方面直接从事经济、行政等事务工作，所以在无形之中使党的经济、政治与社会成本增大的同时，风险程度也得到相应的提高。随着经济体制的改革，我国在市场经济条件下，在城市基层社会管理当中全面实行社区制，能够让基层党组织真正从以前巨大的行政负担当中解脱出来，并让党的工作全面面向社区，不断加强和社区之间的关系，让党能够集中更多的时间和精力，更好地从事社区工作，将社区党员有效整合在一起，对党的资源进行更加充分的灵活运用，从而更好地服务和帮助社区。

由此，党有效巩固基层政权的重心，由以前的单位逐渐转移到社区，社区逐渐成为党工作的落脚点，所以党和群众之间始终保持着非常紧密的关系，同时党的执政地位也能得到有效巩固。

(三)我国社区治理体制的改革

1. 我国社区治理体制改革的必要性

伴随着我国改革开放政策的深入实施,以及社会主义市场经济的快速发展,无论是我国的经济体制、社会结构,还是我国思想观念和利益格局,均在其深入的影响下发生了巨大的变化。社会变革虽然给我国的经济社会快速发展带来了非常大的活力和机会,但是也带来了不小的困难与矛盾,使得社会管理的复杂性与难度都得到了不同程度的提高。解体的单位制,部分破产的国有企业等,均需要将不断完善和调整基层社会管理作为进一步有效改善民生,以及快速推动和促进社会和谐的重要任务,并且不断加大推动和促进基层社会管理体制改革创新的力度,不断加强社会组织的全面建设与有效管理。

社区能够充分满足广大人民群众的不同需求,整合各种利益之间存在的关系,进一步化解社会当中存在的各种矛盾,积极努力维护社会的稳定,社区在这些方面发挥的作用虽然日益重要,但这也给社区带来了很大的挑战,社区管理体制改革成为我国经济社会发展的必然趋势。有学者从城市社区利益主体多元化、社区功能多元化、社会需求多元化、互动模式多元化等方面对社区管理体制改革的必要性进行了分析。

首先,城市社区利益主体的多元化需要社区管理体制改革。在计划经济体制下,我国城市组织管理体制的一个基本特点是"一元化"的组织管理结构。由于社会中各组织与政府在目标、职责和利益上的高度统一,政府实际上是社会中唯一的利益主体。随着市场经济体制的建立,城市社区中出现多元化的利益主体。

一是现代企业制度的建立,使原来依附于政府的企事业单位从行政系统中脱离出来,成为相对独立的利益主体,大量的职工和退休人员进入社区,社区成为他们的真正立足点。二是单位组织与个人之间的分离,单位不再是个人利益的唯一载体,同时还出现了很多新经济组织和新社会组织。新经济组织是指私营企业、外商投资企业、港澳台商投资企业、股份合作企业、民营科技企业、个体工商户、混合所有制、经济组织等各类非国有集体独资的经济组织。

所谓社会组织,主要指的是社会服务机构与社会团体的统称,其中前者主要指的是由社会团体、事业单位、其他社会力量,以及公民个人对非国有资产进行充分的有效利用,组织和举办的社会组织,并且这些社会组织是非营利性的社会服务活动；后者主要指的是由公民自愿组成，为了可以真正实现会员的共同意愿，严格按照章程组织和开展的，具有非营利性的社会组织。这些组织与传统的国有企业、单位组织在经营范围、经营形式、人员配置、组织架构等方面都是不同的，它们是新的利益主体，这些与行政系统相对分离的单位与个人，正成为社区中在利益上相对分离、归属关系相对独立的组织要素，它们有表达自己利益和参与社区管理的内在需求。

其次，城市社区功能的多元化、社会化需要社区管理体制改革。在单位制背景下，单位成为具有行政、经济、社会等功能的相对独立的"小社会"，而社区的管理与服务在整个社会管理系统中仅仅是处理一些细枝末节的小事，它的基本对象局限于老、弱、病、残，管理和服务功能也仅仅是市容卫生和调解邻里纠纷等，起着拾遗补阙的作用，社区的功能发育不完善。随着改革开放的不断深入，很多在企业和政府身上剥离出来的职能都需要转移到社区中来。

目前，作为社区管理主体的街道办事处所承担的这些社会性功能目标已多达百余项，如扶贫帮困、地区福利、就业安置、环境卫生、联防治安、文化娱乐等。而且，随着社会发展水平的提高，还有进一步扩大的可能。显然，这种多元的功能需求与街道社区发育不全、街道组织单一、行政化的管理方式是极不适应的。在街道社区层面，解决这一矛盾要从转变政府职能入手，大力发展各种区域性社会管理和社区服务组织，确定各类社会组织间的合理的功能分化和功能定位，最终实现社区管理的社会化。

再次，社会需求的多元化和互动模式的多元化需要社区管理体制改革。随着社会发展水平的提高，经济成分多元化、社会阶层多元化、人们思想意识多元化，人们生活方式和行为方式也呈现多元化趋势，人们的社会需求在其深入影响下，从以前单一的生存需求，逐渐向综合需求发展，如休闲、康复等，同时人们的需求水平也从原来较低的层次，逐渐向低层次、中层次和高层次等多层次发展，社会服务的需求对象从特殊群体逐渐向全体居民发展。多层次仅仅靠单一化的街居制是无法得到满足的。

最后，在计划经济体制下，社区组织管理的一个明显特征是单一的纵向联结模式，即社区内各组织不同的行政隶属关系，分别属于"条条"与"块块"两个相对封闭的系统，并直接对上级主管部门负责。它们之间的关系由计划加以调节，不存在也无须存在直接的、相互的联系。市场经济体制的建立、多元利益主体的出现，使社区内各组织间的互动模式发生了变化，加强社区内各组织间的横向联系的必要性也日渐明显，需要形成多元互动、"纵—横"互动的联结，这也就需要社区管理体制的改革。

2. 构建新型社区治理体制的原则

社区治理体制改革是一个涉及制度创新、社会重构、城市工作格局调整的系统工程，是关系到城市改革、发展与稳定和人民群众生活的一件大事，是高质量建设城市、高效能管理城市、高水平经营城市的迫切需要和重要途径。为确保社区治理体制改革的顺利进行，应坚持以下六个方面的基本原则。

其一，依法保障、依法创新。依法治国是当代社会的重要特征之一。现代城市社区治理改革，必须充分利用现有的法律所提供的合法资源，并遵循现有法律的规定。同时，我们还需要坚持解放思想、实事求是、与时俱进的思想路线，在法律没有完善的情况下，采取试点先行、循序渐进、稳步推进、实施推广的原则，通过试点创造经验，从而推动法律的变动，待法律变动后，我们才可以进行大面积的推广，这样才能确保法律的稳定性，维护法律的权威性。

其二，党政主导、各方参与。中国共产党是我们各项事业发展的核心和领导。现代城市社区治理体制创新发展必须在党的领导之下进行，要维护社区党组织的领导核心地位和市辖区政府及街道办事处的主导地位。同时，又要在改革中广泛吸收社区内单位和居民代表参与决策和管理过程，充分调动各方面的积极性。社区管理体制改革不是一件简单的事情，而是关系到千家万户的社会化活动。社区各种力量的参与是推进社区管理体制改革的动力，也是保障其成功的重要力量。

其三，因地制宜、分类指导。在进行社区管理体制改革的过程中，要高度重视社区建设发展不平衡的问题，对社区管理体制改革进行全面规划，抓住工作中的薄弱点和薄弱环节努力改进、不断提高。区分不同地域、不同规模、不同居民构成的社区，有针对性地开展分类指导。比如，老旧居民区的群众工作基础比较扎实，但服务设施建设的水平相对落后。

一方面，要鼓励这些地区的街道办事处和社区居民委员会加快健全相应的民主机构和民主机制，提高自治水平；另一方面，要着力加强各种社区服务设施的规划，尽量完善必要的设施，充分整合、利用社区现有的设施和条件，引入现代商业服务手段，满足居民最基本的需求。对于新建社区，要抓住配置设施齐全、质量比较高的优势，重点引导社区居民委员会实行社区服务市场化、社会化改革。通过提高服务水平，使居民尽快形成对社区的认同感和归属感，要特别重视城乡接合部的社区管理体制改革。城乡接合部是城市居民、流动人口和农民混居的地区，文化背景、思想观念、生活习惯和需求等呈现多样化特点，需要我们在工作中遵循循序渐进、稳步推进的原则，确保社会的稳定和经济的发展。

其四，转变职能、权责统一。要改变在计划经济条件下形成的政府包揽一切社会事务的弊端，充分发挥市场机制和社会组织在城市建设和管理中的作用，积极培育和发展社会服务体系，实现政府职能与企业职能、社会职能、事业职能的分离，逐步实现"小政府、大社会"。按照"责、权、利相统一"的原则，合理划分市、区、街在城市管理中的权限，在统一领导的基础上，适当扩大各级管理层面的管理权，把管理的重心逐渐下移到街道。权力下放的核心是事权和财权的下放，要做到财随事转、人随事转、物随事转。同时，坚持放权与转职的统一，把放权与管理和调整市、区两级政府的城市管理职能紧密结合起来，通过下放权力，转变职能，积极推进城市的各项配套设施的改革，实现城市管理体制的创新。

其五，条块结合、以块为主。目前，街道办事处承担着大量的城市管理任务，而一些政府专业管理部门本来承担着城市管理某些方面的责任，并掌握着相应的管理权和执法权，却把街道办事处作为自己的基层执法机构，甚至反过来监督检查本来应由自己承担的职责。专业管理部门的"条"和街道的"块"没有很好地结合起来，条块之间缺乏协调，往往无法形成合力。在管理体制改革中，坚持街道办事处的主导权，实行条条之间、条块之间的有机结合，构筑以"条块结合、以块为主"为基本原则的社区治理新体制。

其六，社区自治、扩大民主。要健全党组织领导的充满活力的基层群众自治机制，扩大基层群众自治范围，完善民主管理制度。社区自治制度是中国特色社会主义制度的政治制度的重要组成部分之一，社区自治制度可以使广大居民提高政治参与意识与热情，为提高和扩大我国社会主义民主奠定坚实的基础。现代社区治理体制最终目的是维护广大人民群众的利益，因此，城市基层群众自治要体现社会的自主发展和居民的参与发展，这也是国际社会的总体趋势。

第三节　社区治理体制改革的总体框架

第一，党委政府主导。党政领导在社区治理体制建立的时候，不仅要倡导，更要领导，发挥主导作用。社区党组织领导核心作用主要体现在：负责制订社区建设和管理的有关政策；统一制订社区发展规划并组织落实；建立社区建设和管理的各种制度；协调各有关部门、企事业单位、社团法人、志愿者队伍参与社区建设和管理，解决人力、物力、财力等方面的困难，形成社区建设工作的整体合力。

第二，民政部门主管。基层政权和群众自治组织建设，历来是民政部门的一项重要工作，国务院在1998年把"推进社区建设"的智能赋予了民政部门。所以，搞好社区治理体制改革是民政部门义不容辞的职责。有关政策明确规定，各级民政部门要在同级党委和政府的领导下，积极发挥职能作用，当好参谋选手，主动履行职责，把社区建设作为城市民政工作的主要依托，作为今后五年城市民政工作的重点积极推动。作为主管职能部门，民政部还专门组建了"基层政权和社区建设司"，统一负责组织推动社区建设的开展，其主要职责有调查研究、建章立制、指导协调、检查监督。

第三，有关部门配合。社区管理是一个系统工程，不是某一个职能部门就能包办的，需要相关部门配合。而在实践中出现了政府部门"各自为政、各自搭台、分头唱戏、自成体系"的现象，甚至有的部门将参与社区建设误认为将自己的"触角"延伸到社区，建立可以承接自己行政事务或社会事务的载体。如果这一问题得不到有效解决，社区建设难保不走回头路，难以走出"上面千条线，下面一根针"的困境。解决这一问题的出路在于，必须将各个部门的"个体"行为转化为部门互动的"集体"行为，培育部门之间的合作意识与信任意识。这需要创新制度，合理定位地方民政部门和各职能部门（虽然它们与民政部门是平级单位）的角色。

第四，社区居民委员会主办。居民委员会作为重要的社区组织，不仅具有群众性，涵盖的面积和范围也很广。企业范围和群众性社团在社区范围之内，其成员仅仅涉及部分居民，居民委员会与其相比较则涵盖了辖区内全部的居民与住户。居民委员会的这一优势，使得居民委员会完全有资格积极动员与组织辖区内全部的居民与住户，使其积极、主动参与社区建设，以及快速促进和推动社区治理体制的深入改革。社区居民委员会要在国家宪法、法律和政府的法令、行政法规范围内，在社区党组织的领导下，在区、街及各业务主管部门的指导下，按照《中华人民共和国城市居民委员会组织法》（以下简称《城市居民委员会组织法》）规定的权利、义务对社区事务行使议事、协调、服务、监督和管理的权利，开展社区民主自治工作。

第五，社会力量广泛参与。社区建设是综合系统工程，有赖于政府和非政府组织的介入，更有赖于社区居民和社会单位的广泛参与。应该将社区内的所有力量，如机关、部队等全面调动起来，使其积极、主动地参与社区建设，从而实现社区资源的共享和共有，最终打造共建社区的良好氛围。站在社会学层面来看，社区发展的内在重要动力是社区参与，特别是需要主动性和积极性的社区参与。从社会工作的层面来看，无论是政府对社区的介入，还是非政府组织对社区的介入，最根本的目的是真正实现"助人自助"，简单来说，就是通过各种方式动员居民积极、主动参与社区的发展，帮助和促进居民有效锻炼，以及快速提高社区参与、自治的相关能力水平。

社区治理体制是指社区治理中的组织体系及运转模式，即社区治理主体的组织结构、职权划分和运行机制的总和。社区治理体制是社区治理工作的基础和保证。自中华人民共和国成立之后，我国的社区治理体制经历了从单位制到街居制，由街居制向社区制的转变，当前正处于由街居制向社区制缓慢转变的过程当中。

社区治理体制改革成为我国社会经济发展的必然趋势。城市社区利益主体多元化、社区功能多元化、社会需求多元化、互动模式多元化等，都对建立社区制这一新型社区治理体制提出了迫切的需求。

为确保社区治理体制改革的顺利进行，应遵循依法保障、依法创新，党政主导、各方参与，因地制宜、分类指导，转变职能、权责统一，条块结合、以块为主，社区自治、扩大民主的基本原则，同时最终形成的社区治理体制规格的总体框架，一方面不仅要由党委与政府进行正确领导，还要由民政部门积极牵头；另一方面相关部门也应该给予充分的有效配合，社区居民委员会主办，社会力量的广泛支持，以及广大居民群众的积极、主动的广泛参与。

第四章 社区治理的实践模式

本章主要从三个不同的方面对社区治理的实践模式进行详细的阐述，依次是社区治理模式的内涵及构成要素、社区治理模式的国际经验、我国社区治理的实践模式。

第一节 社区治理模式的内涵及构成要素

社区治理模式与社区治理体制是两个既相互区别又相互联系的概念。社区治理体制是基于相对宏观的层面，对社区治理主体的组织结构、职权划分和运行机制的总和的概括；而社区治理模式则基于相对中观或微观的层面，关注在社区治理体制下各地在实践中形成的不同的模式或类型。也就是说，社区治理体制与社区治理模式相比，前者的内涵比后者更广，更一般化、抽象化，而后者比前者更具体化、细致化。

一、社区治理模式的内涵

在介绍社区治理模式的定义之前先来了解一下什么是模式。模式是对事物存在方式的高度抽象和概括，是经验与理论之间的一种知识系统。模式从实际意义上来说是比较具体、紧凑以及详细的独特内在形式或者典范。模式的位置处于"理想类型"与一般性取向两者之间。所谓社区治理模式主要指的是反思与概括社区治理实践，最终能够得到比较具有代表意义的典型形式，或者是能够让人全面参照执行的相关标准样式。

人们对社区治理模式概念的理解也经历了一个由窄变宽、由单层面变为综合化、由管理形态上升为理论范式的过程，人们的思想认识不断深入。概括而言，目前学者对社区治理模式的有关界定主要包括四种不同的理解：一是标准样式；

二是形态与运行机制；三是模型与范式；四是工作模式。

第一，模式是某种事物的标准形态或使人可以照着做的标准样式。社区治理模式是指一种相对稳定的社区功能结构方式，也就是根据社区治理需求的变化，对辖区内部有关组织的功能进行优化组合，构成一套区域共同体一体化的社区管理方式。

第二，实际工作部门对模式概念的基本理解是社区治理形态与运行机制，即社区治理是如何运作的。

第三，有学者认为，模式包含"模型"和"范式"两层意义。"从模型的角度看，模式具有理论意义，它是一种实施理论或操作理论。从范式的角度看，模式又具有实践意义，它是一种榜样或样式。"[1]

第四，工作模式是指如何推进社区治理或社区发展实践的操作化工作模式。

二、社区治理模式的构成要素

所谓社区治理模式的构成要素，就是指那些能区分和界定不同社区治理模式的要素。美国著名学者罗斯曼（Rothman）选择了十一种模式要素，并且借助这些要素界定和区分了一些经典的社区管理模式。这些要素是社区行动的目标类型、关于问题结构和问题状况的假设、基本的变迁战略、变迁策略和技术的特点等相关概念。

欧洲英国著名学者波普尔（Popper）在1995年提出了全面区分与划分社区管理模式的四项主要标准：一是社区工作者的主要称号与角色；二是社区工作的相关战略；三是代表性著作和人物；四是工作机构的活动与类型。

美国知名学者魏尔（Weir）在1996年提出了有效界定与区分不同社区管理模式的五个主要构成要素：一是关注的领域；二是系统或者变迁的目标；三是社会工作的角色；四是期望的结果；五是社区的主要构成人员。

部分学者认为，从我国目前实际的发展情况来看，构成我国社区治理模式的基本要素包括以下七个方面。

---

[1] 梁玉忠.城市社区管理研究[M].长春：吉林人民出版社，2020.

（一）社区环境与结构特征

社区环境与结构特征主要包含了社区性质和类型、社会价值观和制度环境等多个方面。

同时，社区环境与结构特征是社区治理模式的相关背景，主要对社区实力模式的特定社区环境进行有效的说明，把社区治理模式摆放在某一特定时间和空间关系当中进行一系列动态考察。

（二）党的领导和政府职能

党的领导和政府职能主要包含了两个不同的方面：一是政府职能转变和社区治理体制；二是社区党建和党的领导。

党的领导和政府职能主要是对国家和社区两者之间的关系进行说明，从社区和国家两者之间存在的关系角度，对社区治理过程进行深入的分析和探索。

（三）市场作用与影响

市场作用与影响主要包含了有计划变迁和社区规划等多个方面。市场作用与影响主要是对社区管理和市场两者之间的关系进行有效说明，在对社区实践活动进行深入分析的时候，从社区和市场的关系角度来进行探索。

（四）以社区为基础的民间组织的地位与角色

以社区为基础的民间组织的地位与角色主要包括社会团体、民办非企业单位等。以社区为基础的民间组织的地位与角色主要是对民间组织在社区实力当中处于的地位，以及扮演的相关角色进行充分的说明，在对社区治理运行机制进行深入分析的时候，从社区和民间组织两者之间存在的关系角度来看。

（五）社区工作者的组成与角色

社区工作者的组成与角色主要包括社区工作的目标和方法、社区工作者的性别和年龄结构等多个方面。

社区工作者的组成与角色主要是对社区工作者在社区治理当中所扮演的相关角色，以及发挥的重要作用进行充分的说明。无论是在社区工作，还是在社区治理活动当中，社区工作者是最能动与活跃的重要因素，不可忽略。

（六）社区服务对象、服务内容和范围

社区服务对象、服务内容和范围主要包括工作方向、劣势和弱势群体等多个不同的方面。

社区服务对象、服务内容和范围主要对社区治理之间活动和工作的具体过程进行详细的说明，同时对社区治理实践活动的最基本的特征进行深入的全面分析。

（七）社区资源结构与状况

社区资源结构与状况主要包括各种资金筹措渠道，以及社会资源分布。社区资源结构与状况主要对社区治理的重要物质基础以及资源结构状况进行详细的说明。

第二节　社区治理模式的国际经验

众所周知，城市社区治理模式会产生各种不同的政治、经济背景以及文化传统，同时在社区治理方面逐渐形成完全不同的社会和政府关系，从而最终产生风格各异的运行机制与管理模式。

实际上，各种不同的社区治理模式没有绝对的优势和劣势之分，关键是适应本国的实际情况，有利于促进社区发展。社区发展在西方国家已经有一百多年的历史，并已经达到很高的水平，借鉴国外城市社区治理的理论和实践经验，对我国方兴未艾的城市社区建设具有积极的意义。国外社区治理模式具有一些共同的特点。

一、构建"行政、自治、社区"三位一体的社区治理结构

东京、新加坡以及纽约社区治理共同的特征就是形成的三位一体社区治理体制，政府指导，社区自治，并且民众积极、主动地参与，将当今时代社区治理的一般特点充分地展现出来，并不是少数国家或城市社区治理的特色，因此具有普遍性。国外比较成熟的社区体制，都是由政府、自治、社会这三种力量共同介入或者彼此相互中和，形成了相应行政主导模式（政府制订社区发展规划，为社区

提供物质支持与行为指导,承担社区公共设施与日常支出)、自治主导模式(政府通过政策调节、法律制订、财政支持对社区宏观管理,具体社区事务由非政府组织承担实施,中介组织减轻了财政压力)或者混合模式(政府资助官办的行政性社区组织、官民合办(民办为主)的半行政性社区组织、居民自治组织等共同承担社区管理)。

二、多元主体合作共事

从东京、新加坡以及纽约的社区治理模式当中能够非常明显地看出来,共同特征主要指是社区治理主要从以前政府的单独负责,转变为由政府、社区自治以及第三方一起负责。但是分担责任并不代表着政府在社区公共事务方面的相关治理责任减轻或者减少了,也不代表政府能够完全将责任放弃。

政府需要以相关监督者以及指导者的重要身份,通过有效制订一系列公共政策、公共服务的目标、准则和原则,去进一步充分监督和有效规范其他主体的具体承诺和实际运行状况,同时对社区公共事务管理的效益与质量进行科学、合理的审查,促进和推动社区公共利益、福利的进一步扩大,致力于将所有的力量整合在一起,以便为社区提供更多有效、经济、高质量、高水准的公共服务以及公共物品。

三、治理机制有所创新

国外社区治理最突出的制度创新就是市场化和民营化。市场化包括两个层次:一是社区公共事务服务者参与的市场化;二是社区公共物品提供的市场化,即公私部门所提供的公共物品都必须平等地接受市场和公众的检验,并按照市场竞争规律优胜劣汰。民营化的目的和意义是充分借助全面实现社区公共事务管理的社会化,将政府对社区公共事务的垄断全面打破,从而在多元治理主体的积极、主动参与下,最终形成非常科学、合理的治理机制。

由于西方城市社区治理重视对社区自身力量、第三部门的培育引导,其社区治理主体在社区空间内呈现力量强大、资源整合能力强的特征,从而实现了社区公共利益最大化的治理目标。

在西方众多的比较发达的国家当中,社区居民积极、主动参与管理已经逐渐成为一种传统，居民无论是在自身的责任方面，还是在自身的权利方面，均有着非常高的积极性和主动性。例如，美国涉及社区建设城市规划的编制、土地使用法规的审批都要召开听证会，听取居民的意见，并通过媒体向大众公布。又比如在日本，町会根据辖区内居民的要求与政府沟通，在涉及社区的重大问题上，向政府提出建议，以维护居民利益。社区中的居民完全以"社区人"的角色积极为维护自己的权益开展各项工作。

四、依法管理社区

发达国家比不发达国家的城市管理较为成功，发达国家主要是充分借助各种不同法律法规，及时调整和完善社区当中各个单位、集团、家庭，以及个人在城市当中发生的各种关系、矛盾与冲突。

法律充分保护与约束社区内公民的各种行为，同时社区内的相关工作按照相关的法律法规来具体运行，从某种程度而言这和西方发达国家整体社会的较强法治性有着非常直接的关系。

五、社区活动经费来源渠道多

国外社区活动经费来源大致可以分为三种情况。

第一，政府拨款。社区内部的日常经费，如公共设施等，主要由政府提供。

第二，组织与个人的捐款，如慈善机构或者宗教组织的大力资助等。

第三，自筹经费。完全能自治性组织的活动经费由组织成员自筹。

第三节 我国社区治理的实践模式

自20世纪90年代中后期以来，以开展社区建设为标志，中国城市基层管理体制改革创新进入了新的阶段。1999年，根据中共中央关于"加强城市社区建设，充分发挥街道办事处、居民委员会作用"的要求，民政部首先选择在北京、上海、天津、沈阳、武汉、青岛等城市设立了26个"国家级社区建设实验区"。2001年社区建设在全国范围内铺开，各省市结合本地实际进行了大胆的改革和创新，并取得了有益的实践经验。

在社区建设的实践中,政府和学术界都认同社区建设不仅是一项单一的社会工程,更是一项重构城市管理体制、实现城市现代化、建设社会主义政治民主的基础性工程。在历史经验、现实挑战和未来发展的三重碰撞下,中国的社区治理模式也出现了三种治理取向:政府主导型、合作或混合型、自治型。

一、中国六种典型的社区治理模式

(一)重庆模式

1. 分流大事、小事、私事,分类处理不搞"一刀切"

重庆的南岸区提出了"三事分流",简单来说,就是在基层议事协商的过程当中,把广大人民群众的众多诉求,严格按照"小事""私事"以及"大事"进行有效的区分,并且最终进行相应的分类处理。

其中,"小事"主要指的是村(居)公共事项和一系列的公益服务,并且村(居)委会占据主导地位,社区的社会、自治组织、单位三者一起协商解决;"私事"主要指的是村(居)个人事务与市场服务,一般情况下由居民通过自己认为合适的方式自行解决或者寻找合适的市场服务;"大事"主要指的是相关政府部门解决政府管理的诸多事项和公共服务。

例如,议事协商的有关内容和市政设施建设相关就属于大事的范畴,居民虽然能够提出自己的建议,但是应该由市政部门展开和组织一系列深入的调查之后才可以进行相应的处理;假如议事协商的内容是关于楼道清洁的问题,则属于小事的范围,应该由村(居)组织出面召集共同协商有效的解决措施。

"三事"分流从实际意义上来说也是"三事"分责,将政府、社会以及居民的职责边界进行明确的合理界定,最终真正实现政府治理和村(居)民自治、社会自我调节的良性互动。另外,"三事"当中的内容不是一成不变和固定的,会充分依据各种不同的情况进行相应的合理调整,杜绝"一刀切"情况的出现。

2. 三种议事协商制度引导基层自治、共治、法治

具体的实施办法还提出了三种基本议事制度:一是"一事一议"制度;二是"三级议事会"制度;三是"社区组织议事"制度。"一事一议"制度主要指在利益范围之内的人民群众组织和开展民主的议事协商,指在某一个比较具体的事项,

所涉及的有关人民群众开展和组织的民主议事协商，最终逐渐形成相应的自治制度和民约等；"三级议事会"制度主要指的是充分依托村（居）自治组织体系，召开村（社区）、村（居）民小组以及楼（院）的议事会进行合理的民主议事协商；"社区组织议事"制度主要指的是对村居建有的各种不相同类型的群团组织进行充分的依托，诸多各种不同类型的社会组织和群众组织（农村集体经济合作组织等），在某一特定的人群当中开展和组织相应的议事协商。

在大多数情况下，三级议事会是通过基层自治组织的形式开展的，也就是在法定的楼栋、小组以及社区的范围之内有序地组织开展，同时这也是当前基层议事最为常见的方式和方法。普遍参与是基层群众自治的重要前提，议事协商是最主要的方法。当前，"一事一议"制度、"三级议事会"制度以及"社区组织议事"制度是重庆市南岸区以议事协商方式的社区治理模式，在法律的范围之内让基层与广大人民群众自己提、议、定和做，是一种最终真正实现自治、共治以及法治的有序社区治理模式。

（二）上海模式

上海模式实际上属于政府主导型的社区治理模式。上海将城市管理体制（两级政府、三级管理、四级网络）以一种非常巧妙的方式和社区建设结合在一起，并且对政府在社区发展中的主导作用非常注重和关注，同时也进一步强调了要充分依靠行政的力量，借助街居联动的方式积极发展社区的各项事务。

上海通过把社区定位在街道，经过发展逐级形成了"街道社区"，一方面让街道办事处在综合协调方面的能力得到不断增强，另一方面也使得街道办事处的权力、地位与重要作用得到了进一步强化。上海把居民委员会以一种巧妙的方式有机纳入"四级网络"体系当中，不仅加强了居民委员会在精神文明建设当中的职能，还加强了居民委员会在社区综合治理和基层党建中的相关职能。最终，上海模式经过发展逐渐形成了领导、执行以及支持系统巧妙结合的独特社区组织体系。

首先，城区管理委员会与街道办事处组成了社区的管理领导体系。上海的街道办事处在"两级政府、三级管理"的体制下，充分明确成为一级管理的重要地位。上海的街道办事处随着政府权力的下放拥有了综合协调权、分级管理权等诸多权力。街道办事处经过不断地完善和发展逐渐成为街道行政权力的中心，真正做到了"以块为主、条块结合"。

除此之外，条块分割也存在一定的弊端，为了更好地克服这一弊端，城区管理委员会得以建立，主要由街道办事处牵头，多个单位参加，如环卫所、派出所等。城区管理委员会定期召开例会，对城区管理与社区建设当中的各种事项进行共同的协商和督查，并且制订专门的社区发展规划。作为块和条之间的重要中介，城区管理委员会发挥着非常重要的行政协商功能，不可忽视，块的综合管理和条的专业管理以一种巧妙的方式形成有机的整体合力，对社区的治理起到非常关键的作用。

其次，社区管理执行系统主要由市政管理委员会、社会治安综合治理委员会、社区发展委员会以及财政经济委员会四个工作委员会组成。其中，市政管理委员会的主要工作是全面负责市政建设、城市绿化等；社会治安综合治理委员会的主要工作是全面负责司法行政的同时，也负责相应的社会治安；社区发展委员会的主要工作是和社区发展相关的众多工作，如社区服务、户籍管理等；财政经济委员会的主要工作是负责全面负责街道财政的预算和决算，对街道内的经济进行一系列的行政管理（工商、物价、税收方面），充分扶持和正确指引、引导街道经济。

以街道为中心积极组建委员会的组织创新，以一种比较巧妙的方式将相关单位与部门有机地包容进来，不仅在日常事务的处理当中让街道有了有形的依托，还在对日常事务的一系列协调当中让街道更加具有有形的可靠依托。

（三）沈阳模式

沈阳模式无论是在社区组织体系建设，还是在社区的划分、居民自治运行机制上，均表现非常鲜明的独特特色。该模式将基层社区自治的本质充分地展现出来，并且该模式的形成在全国范围内产生了非常大的影响。沈阳市在社区的具体划分方面，充分参考和借鉴了国外社区划分的相关经验，严格依据社区的构成要素，如心理认同感等，同时有序按照对群众自治与管理非常有利的，全面优化资源配置，以及大幅度提升工作效能的重要原则，对社区进行重新划分，让社区的结构和之前相比变得更加合理的同时，人员结构和区域边界也变得更加精简和清晰，以及定位也更加准确、科学。

沈阳模式在社区组织体系上，将原来的居民委员会的组织模式进行了相应的改变，在社区层面逐渐形成了"领导层""决策层""执行层"和"议事层"，其中"领导层"主要以党组织为重要的核心；"决策层"主要以社区成员代表大会作为重要的组织形式；"执行层"主要以社区（管理）委员会作为重要的办公机构；"议事层"主要以社区协商议事委员会作为重要的智囊团，最终经过不断地调整和发展逐渐形成了议行分离、相互制约的良好互动机制。

沈阳社区建设在社区居民自治运行机制上，不仅明确了社区居民的自治性，还有效明确了社区组织的相关自治性，社区自治组织和社会组织是社区治理的重要主体。社区自治让非政府性机构（社区居民等），以及个人形成了一个非常权威的网络，并且极具有自主性，还可以得到不断的增强，同时在社区公共事务方面和政府有关部门，开展一系列的合作与对话，对行政管理职能进行相应的分担。另外，政府和社区组织开展和组织的合作，可以使社区组织的自治能力得到较大幅度的有效提升，最终让社区组织成为自治性组织，积极承担社区公共事务管理和有关决策。

沈阳模式和其他模式相比较，被作为自治型的模型。自治主要指的是将自我的管理、教育、服务以及发展作为重要的核心。沈阳市构建的社区治理组织架构的重心是通过各种方式，将社区各个方面的主动性和积极性充分调动和激发出来，让广大人民群众积极、主动地参与社区治理，成为社区发展的主体。沈阳模式回答了中国社会发展的一个战略性课题，即如何促进基层民主的发展，昭示了基层社会生活与社会管理的发展前景和方向。实际上，该管理模式当前依旧处于探索的初始阶段，在具体的实践过程当中还存在很多问题和挑战，得不到有效的解决，并且还存在很多地方需要不断地研究与完善。首先是居民自治的体制环境问题，即没有明确界定政府与社区自治组织的关系，社区居民自治仍然缺乏良好的体制环境。其次是居民自治的运行机制问题，社区居民直接参与社区公共事务决策、管理、监督的规则、程序及机制尚未建立起来。最后是社区组织的运行机制尚不健全、不完善。

（四）汉江模式

1. 治理主体多元化

汉江模式以一种非常巧妙的方式将居民自治性管理和政府行政管理有机地结合在一起，政府在培养、指导以及有效协调社区组织的过程当中缓慢让位给社区、社区组织，并且社区治理的主体逐渐从政府扩展到社区内的非政府组织和自治组织。

治理主体的多元化包括多个不同的组织，如政府组织、非政府组织等，并且由于各个治理主体掌握的资源都是不同的，因此这些治理主体之间都是相互依赖的。

2.合作治理的运作模式

政府将主动转变职能作为重要的核心，严格遵循和按照权责统一和事费统一的重要原则，通过权力下放与授权的方式，将主要由政府承担与组织的相关社会职能逐渐转交给社区内的相关社会组织来承担，经过不断地调整与发展最终促进和推动社区组织和政府两者之间制度化合作以及良性互动。汉江区在积极推动和促进政府职能转变的过程当中，把社区的工作事务与行政部门的工作事务逐项有序分解，其中有一部分是由街道行政部门独立承担的，和社区没有关系的管理工作，一部分主要是由街道行政部门承担，同时社区组织从旁有效协助的有关工作。

政府职能部门与街道将事权逐渐下移，真正做到和实现了"两个到位"。简单来说，就是"一是把政府职能部门的本职工作努力做好、做到位，绝不推给社区；二是假如政府职能部门的工作确实需要社区的良好配合，在和社区协商以后，严格按照'权随责走、费随事转'的相关原则，最终由职能部门和社区共同完成，真正做到责、权、利配套到位。"①

综上所述，合作治理模式对政府和社区组织的制度化合作以及良性互动非常注重和强调社区当中各个治理主体之间应该分工合作，同时做到各司其职、互不干扰。权利的运作不是从上到下的行政命令，而是充分依靠多个不相同独立组织共同参与的。

3.推进社区自治的发展

汉江模式实际上对沈阳模式的社区管理架构进行了一定的效仿，充分按照领导层、决策层、执行层以及议事与监督层的机构设置，并且始终坚持公平、公开和公正的重要原则。同时，严格按照民主选举的相关程序，组建了四个重要的主体结构，即一是社区居民委员会，二是社区党组织，三是社区协商议事会，四是社区成员代表大会。

---

① 张兴杰.社区管理[M].广州：华南理工大学出版社，2007.

汉江模式将社区居民委员会作为重要依托，在积极构建社区组织工作方式的同时，也全力构建其相应的工作网络。通过对社区自治权力的合理有效划分，以及对社区组织和有关成员的诸多自治行为的进一步规范，防止社区工作者"以权谋私"，避免社区资产的严重流失。无论是政府各个职能部门，还是街道办事处，都应该充分尊重社区居民委员会的自我教育、管理和服务的重要法律地位，严格按照社区工作的独特特点与性质，对社区居民委员会积极合理地利用社区环境、资源与条件给予充分的支持以及全力的帮助，通过科学的方式找准社区居民委员会工作的切入点，对和自身实际及具有新型社区工作独特特色的管理模式进行积极大胆的探索与创新，同时努力增强社区在自治方面的功能，最大限度地减少和避免社区居民委员会成为政府的一级准行政组织。

实际上，汉江模式的实施虽然取得了不错的成绩，但是也存在很多问题，并不完美，其中社区居民参与和社区快速发展的实际要求严重不适应，是汉江模式不足的主要表现。在汉江区的社区建设过程当中政府几乎处于主导阶段和地位，大多数情况下不管是社区单元，还是社区居民，基本游离于社区公共活动、事务以外，广大人民群众参与社区建设的深度与广度均比较低，是汉江区社区建设不断向着纵深全面推进的瓶颈与阻碍。

（五）盐田模式

1. 社区治理理念创新

盐田区和我国其他地区是类似的，主要也是通过对居民委员会的充分依托，为社区提供一系列的服务，同时更好地维护地方公共秩序，这些导致了居民委员会的自治角色和其行政职能严重冲突的不良现象与局面，所以盐田模式充分按照"议行分设"的相关理念，对社区组织进行积极的全面创新，将创建公共服务型政府的各种实际要求切实地展现出来，全面鼓励和扩大社区自治、社会参与。

2. 社区治理体系创新

盐田区全面构建了"一会两站"的全新社区治理模式。社区居民委员会作为一个机构，主要是由民主选举产生的，对社区公共事务进行一系列议事、决策以及有效监督，并不从事某一个具体的社区工作。居民委员会的成员全面实行兼职化和属地化，不领取工作报酬、资金，将主要的精力放在做居民权益的相关维护者方面，除此之外，还将精力放在做好居民和政府的沟通者上。

与此同时，在社区内部还专门分设了两个工作机构，即社区服务站和社区工作站，其中前者主要承担的是社区建设过程当中各种具有服务性质的诸多任务，后者主要负责的是原来的行政任务。设计该制度的初衷是将居民委员会，从比较具体的行政事务当中成功、巧妙地脱离出来，可以更加专注于社区自治管理的诸多事务。社区工作站是街道办事处的派出机构，从实际意义上来说属于政府的管理范围之内。创建的社区工作站完美解决了政府公共服务，没有基层承接的巨大问题。社区建设的垂直管理体制让政府多个方面能够直接达到社区工作站如职责、资金等，从而快速推动和促进了政府管理重心的下移。

3. 社区服务机制创新

各个社区居民委员会、街道办事处分别成立了社区服务站、社区服务中心，同时各个区也在社区福利中心积极构建一级社区服务中心，经过不断地发展和完善，初步形成了三级社区服务网络（区、街道和社区居民委员会）。社区服务站虽然严格按照实体化和产业化的模式来全面运作，但是社区服务站从性质的角度来看，属于民办非企业单位的范畴，为非营利性机构，产生的利润除了可以用于社区自身的公益事务以外，还可以用于社区自身的公益事业。

盐田模式还专门设立了社区服务专项资金，按照政府购买服务的方式，提供众多的无偿服务，如社会保障、社区福利等，同时进行相应的补贴和评估，并且积极鼓励社区服务站采用低偿运营的方式，享受税收减免政策，从而最终快速实现社区服务的社会化。政府通过此种独特的方式，为广大居民提供了诸多的福利与服务，这些福利与服务也更加多元和专业，最终让全体居民，尤其是处于比较弱势群体的居民生活质量得到较大幅度的有效提升。

盐田区的社区治理体制的一系列改革将城市社区治理组织的行政与社区服务功能，以一种非常巧妙的方式成功分解，同时在维持上级政府对社区管理的前提下，巧妙运用社区组织产生方式与治理结构的大胆创新，将社区在自治方面的功能落到实处，快速推动和促进了城市基层民主政治的进一步发展，因此对我国其他地区的城市社区管理具有示范意义。

（六）鲁谷模式

鲁谷社区不仅是在街道一级建立社区制的创新者，还是北京第一个实施"大社区"制的地区。从2006年开始，鲁谷社区的监督专业管理，全面组织公共服务，正确指引和指导社区建设的自我定位，街道积极建立"大科制"内设机构的一系列做法正式在石景山区全面推广。实际上，鲁谷社区运行的机制与组织体系可以总结为一个核心，两个工作体系，三驾马车。其中，一个核心主要指的是社区党工委是区委派出的主要机构，在全新的体制当中，社区党工委处于重要的核心领导地位，主要负责社区性、群众性以及社会性的相关工作；两个工作体系主要指区政府的主要派出机构是社区行政事务管理中心，主要管理、有效协调、正确地指引和引导、充分监督、服务辖区内社区建设、城市管理以及相关社会事务；三驾马车主要指的是通过选举的方式产生鲁谷社区代表会议委员会，以及常设机构（社区委员会），同时主要负责民主的自治工作，正确指引和引导居民委员会与中介组织的诸多工作，我们将此种组织架构称为"三驾马车"。政府通过对政权的简化和放权，将条块之间的关系进行清晰的理顺，通过各种不同的方式提高行政效能的同时，也将基层民主进一步激活，鲁谷社区最终全面实现了多中心合作治理。

操作层面上的重要核心机构在三驾马车的组织架构下，有"三部一室"，同时事业编制机构在该组织架构下有"一所两室"。前者主要指的是社区党工委下设的党群工作部，社区行政事务管理中心下设的社区事务部和城市管理部，社区行政事务管理中心与社区党工委两个部门共同设立的综合办公室；后者主要指的是社区行政事务管理中心下设的社会保障事务所、社区委员会办公室以及企业服务办公室。

鲁谷街道社区管理体制改革是城市基层管理体制改革的方向性探索，在从"行政化"的街居制转向"治理化"的社区制转变中进行了一系列新尝试。然而该模式却只是"看上去很美"，因为在其具体运行和推广过程中，由于受到制度环境的限制，它无法做到进一步推广和复制。这种局部创新、区域创新的发展前景被打上了许多问号。

二、中国社区治理模式中的基本经验

（一）政府主导推进社区自治

社区自治的实质是重构国家和社会关系。我国的社区建设本身就是政府自上而下推行的强制性变迁，政府是社区建设的强力推动者。在社区的启动、规划、组织和执行中，到处都有政府的影子，如果地方的自治创新没有了有关政府部门的积极推动、促进与介入，可以说成功实现的难度是非常大的。所以，从我国社区组织体系的重构过程当中能发现，社区运行的所有组织要素都和政府存在一定的联系，或者是受到政府有关部门积极推动和促进。

我国社区当前运行的组织要素主要有以下两个方面：一是党组织，也就是社区居民委员会党支部、党总支，或者社区党工委，同时它也是社区建设过程当中的重要领导力量，不可忽视，社区发展的快速推动和促进，让党组织在社区快速发展的过程当中的重要核心地位逐渐得到了有效的明确，同时在社区发展当中，党的重要功能逐渐体现出来；二是政府组织，假如将街道办事处取消了，设立专门的社区行政事务受理中心，将和居民相关的行政事务采用集中办理的方式，社区委员会主要负责对政府管理社区之内的各项事务有效地进行协助，并且全面监督政府相关部门与其他组织。

（二）街道社区和居民委员会社区作用凸显

我国的城市城区治理还将转变政府的职能进一步呈现出来，把条块的分割合理地打破，真正做到将权力下放，同时将居民委员会社区、街道社区的重要地位、作用、特点充分地突出出来。我国以前的城市管理体制相对来说重心偏上，权力集中在市区两级政府和相关职能部门，街道社区管理机构虽然处于基层，直接面向的广大人民群众，但是却缺少相应的职权，在开展和组织各项工作的时候很难顺利进行。在上海、武汉等地实行的"两级政府、三级管理"新体制的引导下，各地市、区有关部门实行管理重心下移，通过授权、委托等方式下放部分管理权，赋予街道办事处和社区居民委员会更多的权限，按照"权随事走、费随事转"的原则，形成权责统一的良性运转机制。有些地区更是看重居民委员会具有的独特体制性重要意义，通过各种不同的方式努力完善居民自治组织的运行机制，正确指引和引导众多社区居民广泛地积极、主动参与社区公共事务，不断深入研究和探索将社区公共事务作为重要依托的居民群众的自治参与系统。

（三）因地制宜，科学定位社区，合理确定社区治理模式

社区治理的一个重要方面就是充分利用社区资源，实现社区公共利益的满足。

不同的社区所拥有的资源和基础条件不同，社区发展的路径和特色也各不相同。在社区建设的各种模式中，无论是采取行政型的治理模式，还是自治型的治理模式，都要立足于本社区的资源禀赋和社会关系。一般而言，在科技、教育发达，居民文化素质较高，民主参与意识较强的地区可以借鉴自治型社区治理模式推行社区建设。对于一些环境优美、公共设施良好、提供各种服务到位的"硬件"基础较好的社区，重点可以放在创造健康、丰富、自由、民主、祥和的社区精神和文化氛围的"软件"建设上。社区治理需因地制宜地推进。

（四）加强对社区发展的政策支持和财政支持

社区是某一特定区域范围内的居民公共空间，民间筹措的资金以及政府提供的一系列资助是治理的主要经费来源。社区治理从实际意义上来说是一种独特的社会福利事业，因此政府是社区治理的主要出资人。政府只有给予社区一定的财政支持，才可以使得社区内众多公益性和福利性的项目，具有更加坚实的物质保障。

除此之外，在建设社区的过程当中，政府应该给予必要的政策支持，政府一方面应该为社区建设营造较为宽松的政策环境，另一方面也应该为其建设构筑相对宽松合理的制度。

（五）建立和完善社区服务体系，满足居民多样化的生活需求

社会生活随着单位体制的解体，逐渐从单位生活当中脱离、独立，并且有很多的社会生活，将在广大人民居住的社会当中顺利实现。所以，现代大城市的社区既要在物质生活上充分满足人们的各种实际需求，又要努力为广大人民群众的社会交往提供更加多样化的良好服务。中国式的社区治理应该通过各种方式努力将社区建设和进一步满足广大人民群众生活的实际需求巧妙有机地结合在一起，大胆地创新与构建社区的社会生活服务系统。

与此同时，社会生活服务系统从广大人民群众实际需求和社会生活多样化的客观趋势出发，对将充分发挥市场机制的重要作用非常注重和强调，积极研究和深入探索，形成政府、市场、社会以及居民共同参与协作的良好方式，从而让社区居民的生活质量和物质水平得到切实有效的提升。

当前，我国社区治理采取的主要措施包括以下三点：第一，大力倡导和全面

发展各种不同类型的居民公益性和互助性的组织，形成了多样化的服务形式，同时使广大居民群众多样化和多层次的需求得到了充分的满足；第二，积极引入市场机制，将企业组织的经营管理效能充分地发挥出来，通过对全新机制的不断研究和探索，使社区服务的社会效益以及经营管理水平得到较大幅度的提升；第三，对各种不同类型的服务组织进行积极的培育，通过对组织与机构的建立、合理布局，快速推动和促进社区服务的产业化与社会化，切实将便民利民的重要服务功能充分地发挥出来。

我国的城市社区治理还在动态发展中。尽管目前我国的社区治理无论在理论上还是在实践上均与西方发达国家存有较大的差距，但是随着我国公民意识的觉醒、民主政治的推进，特别是城市基层组织的培育和发展，我国的城市社区治理会在创新行动中不断缩小与发达国家的差距，真正实现社区治理的理念。

三、中国社区治理模式的发展趋势

我国自从开始社区建设，其治理经历了过渡性的发展过程，即从一元、人治、集权、管制到多元、法治、分权、服务。在西方国家治理理论与社区实践的影响加剧的情况下，我国的社区建设无论是发展路径，还是其运作模式，和西方发达国家的社区治理路径逐渐"趋同"，社区治理的方式也逐渐开始强调多元治理，并且注重政府的权力下放和公共服务的实际需求导向等诸多特征。

例如，"网格化管理模式""社会管理模式"等众多社区治理模式是我国当前城市基层管理体制不断改革过程当中大胆尝试的全新做法。这些全新的做法虽然暂时还没有获得较为切实有效的综合验证，但是却将我国社区建设的全新趋向充分地反映出来，也就是我国社区治理的未来走向可能是多元合作式的。借助社区内多元主体的合作互动能够进一步促使社区真正实现有效治理，同时全面促进和推动社区有序、协调以及健康的全方位发展。

我国的城市社区在转型阶段面对逐渐复杂的社区公共事务，以及更加丰富多彩的实际社会需要，在这一转型的关键时期，政府作为唯一的治理主体很难快速适应，公共权力资源的合理、科学配置，应该适当向非政府的社会组织逐渐转移。当非政府的社会组织与政府权威，在有序分享社区治理过程当中的公共权力的时候，需要对两者之间的相互合作进行足够的重视和强调。

随着时代的发展，社会组织参与社区建设已经成为国际惯例，同时也是我国社区治理发展的重要、关键趋势，不可忽略。随着政府职能的逐渐转变，政府从以前相对单一的供给主体向着多元化供给模式逐渐转变，并且该多元供给模式主要是政府将公共服务空间合理让渡，并且社会公共参与，社会组织在社区当中得到了更加宽广的发展空间和环境，也将其重要的服务作用不断凸显出来。目前，在全球范围之内，政府向非营利组织和政府部门购买社会公共服务的做法已经非常流行，因此在我国，政府购买服务也逐渐成为新兴的趋势之一，同时需要完善和调整相关的法律规章和具体的操作。

第五章 社区治理的实践探索

社区治理从治理的角度来说就是对社区范围内的公共事务进行管理，在社区实践中发展出一定规模的社区商业服务和社会工作方法。本章内容为社区治理的实践探索，分别论述了社区治理中的社区公共事务、社区治理中的社区商业服务以及社区治理中的社会工作方法。

第一节 社区治理中的社区公共事务

一、公共事务与公共物品概述

随着人类社会的产生，公共事业也产生了一个相应的范围，它在私人事务的基础上集中了社会中所有公民共同关注的事务，是私人不愿或不能处理的，但又对全体社会成员的利益产生普遍影响的一些事务。社区治理的内容就是社区公共事务。本书与一般的社区管理的专著不同，不想对社区治理的具体内容一一展开具体的论述，如社区卫生、社区教育、社区环境等。并不是说这些具体的社区管理的事务不重要，而是希望跳出就事论事的范畴，将社区公共事务视为社区治理的主要内容，结合社区公共物品的特点，概括地思考社区公共物品供给的一般规律。了解与掌握社区公共事务的特点与治理机制，对于社区卫生、社区教育等具体事务的管理具有重要的指导意义。因此，本节先从公共事务与公共物品的内涵入手。

通过上述内容，我们已经知道公共事务在人类社会的深入影响下，产生了相应的范围，它在私人事务的基础上集中了社会中所有公民共同关注的事务，是私人不愿或不能处理的，但又对全体社会成员的利益产生普遍影响的一些事务。当社会分化为公、私两个基本分离的领域，人类事务也出现了公共事务与私人事务的划分及其不同的制度安排。

公共事务是涉及社会公众共同利益的社会事务，具有一定的公共属性。也就是说，公共事务的本质是公共物品（公共产品）。因此，有必要对公共物品的内涵、分类及其供给选择等进行进一步的了解。

（一）公共物品的内涵

纯粹的公共物品主要指的是每一个人消费此种物品，并不会减少别人对该物品的消费，简单来说，就是公共物品不仅具有消费的非竞争性特征，也具有非排他性特征。公共物品实际上代表着对资源的集体运用，主要由集体当中的所有成员共同承担公共物品的成本，同时公共物品的收益也由集体当中的所有成员共同分享。

通过上述相关内容，我们已经知道公共物品具有消费的非竞争性和非排他性的独特特征，因此这也使得集体当中的所有成员在公共物品的消费以及供给上存在"搭便车"的不良动机，所以其供给也就成为一个非常典型的"集体行动困难"的巨大问题，也就是个人会做出对集体非常不理性的不良行为。例如，在公共事业建设的过程当中社会成员假如都积极购买公共物品，这也会让所有的社会成员福利得到增加。实际上，假如在社会主义指引和引导下的个体理性会告诉人们，假如他人不出资，个人出资存在得不偿失的可能性；假如个人不出资，他人出资就能够占便宜，并且可以免费享受他人的成果。所以，在此影响下"不出资"是每一个理性人的最优选择，这使得公共产品的供给出现非常严重的短缺，同时也无法有效提高公共福利。

事实上，集体行动出现困境的主要根源是此种"搭便车"的消极心理和心态，同时这也是公共事务管理出现危机的原因。怎样更好地解决这一困难严重困扰着我国很多有着无数创见的优秀学者，同时怎么快速走出集体行动的悖论，选择相互合作，建立良好的秩序是这些优秀学者始终努力的方向。

（二）公共物品的分类

关于公共物品的分类常见的有两种：一种是根据公共物品的属性来分；另一种是根据公共物品使用者的范围来分。

1. 按照公共物品的属性分类

按是否同时具有非排他性和非竞争性，可将公共物品分为纯公共物品与准公共物品。

每一个公共物品都有一个拥挤点，部分公共物品的拥挤点承载量比较大，有的公共物品的承载量比较小。在拥挤点以前，兼具消费的非竞争性与非排他性的物品是纯公共物品（公有公益类物品）。例如，防火、路灯等都属于纯公共物品的范围。在拥挤点以前，仅仅满足公共物品特点之一的就是准公共物品。

准公共物品能分成两种不同的类型：一是俱乐部类公共物品，主要指的是在消费上不仅具有非竞争性，还具有一定的可排他性的公共物品，如图书馆、戏院等，虽然在消费上具有共享性，但是在具体出现"拥挤效应"以前只要增加一名消费者，这些物品的边际分配成为均为零，这些公共物品的享用者，实际上能被看作有着共同偏好的消费者一起构成的俱乐部，因此人们有时候也将其称为"俱乐部类公共物品"；二是公有池塘类公共物品，主要指的是在消费上除了具有非排他性，还具有竞争性的公共物品，如公用的草地资源、石油等共同资源。此类公共物品在消费上具有一定的非排他性，主要原因是公共的，任何人都能够使用，同时由于使用，此种消费也具有相应的竞争性，一般情况下将其称为"公有池塘物品"。

2. 按照公共物品使用者的范围分类

从公共物品使用者的范围来看，可以把公共物品分成两种不同的类型：一是地方性公共物品；二是全国性公共物品。按照公共物品的具体使用范围，部分公共物品的消费主要提供全体公民共同消费，如电力、国防等，我们将其称为"全国性公共物品"。部分公共物品供某一特定地区的公民公同使用，如绿化、路灯等，因此我们将其称为"地方性公共物品"。

公共物品的分类研究具有相对性，一定时期和范围之内的公共服务或者公共物品，在另外一个时期和范围之内，存在是私人物品的可能，或者是具有一定私人物品的性质。

（三）公共物品的供给选择

1. 政府强制供给机制

政府的强制供给机制实际上是公共权力在公共物品供给当中的有效介入与灵活运用。自从人类国家形成和诞生之后，政府借助社会成员"权力让渡"的独特方式，对公共权力进行相应的享有。政府提供公共物品的优势在于政府本身有着与其他社会组织不一样的独特的功能——权力的普遍性和强制性,这些功能保证了政府能够提供公共物品。权力的普遍性和强制性,使政府至少具有以下几个方面的优势:课税优势,政府利用其政治权力征税,解决公共物品提供过程中的收益与赋税不一致问题,禁止或允许优势,政府发放许可证,允许他人合法地做什么,也可以对违规行为进行处罚,保障公共物品的有效供给;节约交易成本和组织成本的优势,政府在解决外部效应和公共物品问题时,其交易成本比其他组织低得多;解决"搭便车"问题的优势,政府以社会公共代表的身份,集中收税、集中支付公共物品所花费的成本,正好解决了社会组织提供公共物品时"搭便车"引起的公共物品收益与成本不对称问题;庞大的财政实力优势;独特的财政货币权力优势。这些优势恰好是市场没有的,又是市场所需要的,尤其能够弥补市场提供公共物品的缺陷。因此,政府作为公共利益的代表,在公共物品的实际供给当中有着不可忽视的重要作用和意义。

政府虽然可以提供一系列的公共服务,但是并不代表着政府能够直接生产。政府作为公共服务供给的重要主体,或者最终的主要责任人,不能把各个不相同的环节分配给营利或者非营利的组织去完成。简单来说,就是政府投入的资金是"提供"的重要核心,物品的产出是"生产"的重要核心,同时也是技术性具体操作的关键阶段。公共物品供给从实际意义上来说是"生产"和"提供"两者的有机结合。

政府的强制供给模式,特别是政府直接生产的方式,存在很多弊端,主要原因是政府自身具有一定的局限性。首先,假如政府是公共服务唯一的供给者,那么政府在提供公共服务的过程当中不存在任何直接的激烈竞争,即便政府的运作效率不高,依旧能生存下去。同时,因为缺少激烈的竞争,政府没有充足的动力将公共服务的效率提升。其次,不健全的政府监督机制,特别是失去平衡、非常不对称的监督信息,导致外界很难有效监督政府公共服务供给的绩效与水平。严重缺乏的动力机制使得政府在提供公共服务的时候,不会对成本和绩效进行全面的综合考虑。最后,部分政府官员的"寻租"行为,官僚作风和腐败现象等均造成了公共物品供给当中的严重浪费,并且效率也非常低下,还给社会的公正、公平产生了十分严重的不良影响。

2. 市场自愿供给机制

市场自愿供给制度主要指的是在公共物品的供给当中对市场机制进行充分的参考和借鉴，并且将竞争机制引入其中。因为广大人民群众对政府提供的公共服务质量存在一些不满，所以将竞争机制以一种巧妙的方式引入公共服务领域当中，快速提高公共服务质量的同时，也让其成本得到大幅度的降低，逐渐成为各个国家努力追求的共同目标。

西方比较发达的国家在将近 20 年的时间里，出现了对公共行政深化改革的潮流，并且在改革的潮流当中提出了对政府重塑、对公共部门再造与新公共管理，其中影响最大的是新公共管理。新公共管理主张和强调把已成为私营部门运用的成功、科学的管理方法，巧妙地运用到公共部门当中，在政府公共服务领域当中通过巧妙的方式把竞争机制引入其中，对私人投资积极鼓励的同时，还要有效经营相关服务行业，通过各种不相同的方式将政府的垄断打破，从而使公共服务的质量与效率得到较大幅度的提升，并且进一步缓解政府的财政困难。西方国家多年来为了突破和摆脱"公共困境"，虽然进行了很多有益的大胆尝试，但是长时间的改革实践也让西方国家的政府充分认识和了解到，解决和突破"公共困境"的唯一办法并不是私有化，其前提不在于公共服务是私营或者公营，而是通过将竞争机制巧妙引入其中的方式，将政府垄断打破。

在公共物品提供的具体模式当中，怎样恰当选择私人生产与公共生产呢？实际上私人资本有效进入公共项目领域的重要条件主要包括两个方面：一是公共需求密集度与制度安排；二是市场性。对于需求密集度和市场预期收入比较高，又可以借助对制度的巧妙设计，将受益承担能力问题充分解决的公共项目，私人资本是具有一定的可能进入的。公共物品的市场供给方式包括以下两种：一是私人的完全供给；二是私人和政府的联合供给。其中，前者主要指的是私人在单独地完成公共物品的投资、生产的同时，独立完成其修缮，并且私人通过收费的具体方式，向广大消费者收取一定的费用；后者主要指的是在公共物品实际具体的供给过程当中，私人和政府形成某种联合，往往是政府作为提供者，而私人部门作为生产者，由私人部门作为生产者的安排方式，具体有合同、特许、凭单、政府拨款、自由市场、自愿服务、自我服务等。在公共物品提供的私营化过程中产生了一种"公私合作伙伴关系"，即公共部门与私营部门共同参与生产和提供物品及服务的多样化安排，其结构是部分或全部传统上由政府承担的公共活动变为由私人来承担。

3. 第三部门志愿供给机制

实际上，第三部门的相关概念与定义长时间以来始终存在着歧义性与多元性，在大多数情况下其具体的界定是非营利和非政府的合法正式组织。第三部门的出现和快速地发展壮大，同时随着时间的推移逐渐成为公共管理当中的一个重要主体，公共管理在其深入的影响下，不仅快速走向开放性的多元化，还全方位走向开放性的社会化，从而使得公共产品或者公共服务的供给质量得到了较大幅度的提升和改善。

第三部门具有一定的（准）公共性和非营利性，这也使得第三部门可以充分履行和政府相似的公共职能。对政府而言，无论是第三部门提供的公共产品，还是其提供的公共服务，均是非常有益的替代与补充。所以，第三部门的功能，从实际意义上来说和政府的职能在某一状态下可以达成共通，特别是目前政府的一系列深化改革，对部分机构的精简，减少烦琐的规则，以及将政府十分沉重的包袱卸下，将权力下放是非常有必要的。对第三部门的重要力量进行充分的利用，将政府的部分职能向社会有效地转移是一项非常明智和富有成效的重要举措。

第三部门成员通过自愿性的方式，自主地提供公共物品或者公共服务，最终实现公共利益，是第三部门提供公共物品或者服务的最基本特征。第三部门的公益性主要表现在其活动主要是为了更好地谋求大部分的公共利益，不是为了实现个人或者私人的相关利益。将第三部门和政府的强制供给机制进行比较，供给的公共物品或者服务的效率相对偏高，同时将第三部门和市场自愿供给机制进行比较，其供给公共物品或者服务可以使公益性得到充分的保障。所以，在公共物品的供给当中，第三部门将政府和市场无法替代的重要作用充分地发挥出来。简单来说，第三部门主要是通过自愿、自主的方式服务公益，和以自愿、自主方式服务私益的企业、以强制方式服务公益的政府相比较，有着非常明显的不同。为了有效弥补和克服市场与政府失灵产生的各种缺陷，需要对制度进行大胆的创新，也就是将可持续发展理念作为重要的原则，对以自愿求公益的志愿机制进行积极的大力发展。

需要注意的是，第三部门的志愿供给机制并不是万能的。实际上，在政府失灵和市场失灵以外,还存在另外一种失灵,即志愿失灵,它主要表现在慈善的业余性、慈善的不足等。承认非政府组织的志愿失灵,并不代表着严重削弱了非政府组织存在的关键必要性。非政府组织具有很多的长处和优势,这些长处和优势之间相互依赖。非政府组织应一开始提供公共服务或者公共产品的相关制度安排,并且只有在非政府组织提供公共产品或者公共服务严重不足的局面或者情况下,政府才需要将重要作用充分地发挥出来。其中,学者将其作为前提,提出了"政府委托"的相关理论,即政府为了可以全面实现自身设定的最终目标,把提供公共服务或者公共产品的重要任务,委托给非政府组织,让非政府组织承担提供公共服务或者产品的任务,政府和非政府组织之间达成了相互依赖、各自比较优势的良好分工,政府和非政府组织分别负责资金支持和提供公共服务或者产品,两者之间的相互合作能够让双方将各自的优势充分发挥出来。

政府通过下放部分职能的方式,达到节约公共物品或者公共服务成本的目的,虽然政府需要订立一系列的科学、合理的合约进行有效的监督,但这些成本和直接提供公共服务的成本,还是相对偏低的,并且此种独特的合作能够快速适应各个地方的不同实际需求,避开非常庞大的官僚系统。假如一些公共产品是由非政府与政府两者共同提供的,同时非政府和政府之间有着十分平等的良好竞争关系,其结果一定会大幅度提高公共产品的生产效率,使广大消费者的选择机会得到增加的同时,也扩大了消费者的效用。

现实当中的公共物品供给模式非常客观地将公共物品供给的机制,以及制度安排反映出来。因为公共物品具有一定的复杂性和层级性,所以不同的制度安排与机制,对不同的公共物品而言,其供给效率存在非常明显的差异。因此,在提供社区公共物品的时候,要充分考虑不同公共物品的性质与特点及其所处的制度环境、运行方式等方面的因素,合理安排公共物品的供给机制,提高社区公共事务处理的效率与效益。

二、社区公共事务治理

社区公共事务是指为了满足社区公共需求,生产社区公共物品的活动。在计划经济时期,我国城市社区的公共事务为"单位制"下的主体供给模式,具有供给主体单一的弊端,随着社会经济的发展,城市社区公共事务的供给模式发生了相应的转变，形成了"社区制"下的多元主体供给模式的局面。社区公共事务的治理应遵循公平、效率、民主和秩序，针对不同层级公共事务采取不同的治理机制。

（一）中国社区公共事务治理的变化

城市社会管理体制作为社会制度的重要组成部分，随着社会制度的变化而不断变化。城市社会管理体制经历了从"单位制""街居制"到"社区制"的变革，不同历史时期的社区公共物品供给机制具有不同特征。单位体制时期，城市公共物品的供给以"政府—单位"为主，即政府通过财政拨款的形式将社区需要的公共物品供给单位，再由单位分配公共物品。这种公共物品供给体系在计划经济时期发挥了重大作用。伴随着我国社会主义市场经济体制的确立，我国逐步进入了经济转型期，社区居民的需求日益多样化，这种供给体系已然不能满足社区的多元需求。单位供给公共物品的功能日益减弱，单位管理体制逐渐走向解体，基于此，城市基层社区取代了传统单位在公共物品供给体系中的地位，成为城市社会整合的又一种制度性选择，构成公共物品供给与消费的基本单位。中国社区公共事务治理模式也发生了相应的改变，"单一主体供给模式"逐步向"多元主体供给模式"转变。中华人民共和国成立后，为了整合社会资源，实现经济的恢复和发展，国家对城市各个组织进行了强制整合，几乎将所有的城市组织都纳入政府的管理系统当中，构建了以单位制为主、以街居制为辅的城市管理体制。在这种体制中，一级是高度集中的国家和政府，另一级则是大量彼此分散和相对封闭的单位组织，国家和政府在社会管理中处于主导地位，不仅对于社会中原本就有的单位具有管理的职能，规定了这些单位管理的权限、职能范围，而且可以根据需要设置新的单位和机构，制订管理标准，并且单位所需要的组织资源也由国家统一配置。单位的内涵是极其广泛的，它不仅是城市居民工作的场所，同时还具有政治、经济、社会等多方面的功能，可以说单位是"政府"职能的延伸，间接起着"政府"的作用。单位制度不仅建构了一套特殊的社会动员和社会整合机制，而且在单位内部形成了特殊的社会公共物品供给机制。对于在单位工作的个体来说，单位不仅支付他们的劳动报酬，还是他们的衣食父母。个体从单位领取生活福利，个体一旦进入单位，就意味着有了终身的保障。单位是国家的代表，无论是个体的衣、食、住、行,还是生、老、病、死,甚至是个体因为工作失误导致的伤、残,以及孩子的上学等问题都是单位必须承担的义务。

具体而言,单位不仅需要向成员支付工资,同时还需要解决成员的住房问题,为成员发放副食品补贴;当成员到达退休年龄时,单位要根据成员的级别发放退休金;对于家庭条件困难的成员,单位要为他们提供救济金;当成员生病时,单位要提供医疗保障,可以说,单位是一个功能齐备的"小福利国家"。除了基本的福利保障之外,单位还直接提供诸如食堂、菜市场、幼儿园、理发室等公共生活设施,甚至在一些大型单位还提供电影院、篮球场等娱乐设施,可以说除了火葬场之外的一切生活设施几乎应有尽有。某些大型企业内部甚至设有公安分局和派出所,具有社区政府的治安管理职能。单位构成了一个自给自足的生活小天地,人们日常生活的基本需求都可以在单位内部得到满足,不管这个单位是大型企业、中型企业还是小型企业,都具有"小而全"的特点,内部生活设施丰富且充足。与之相对应的是,单位外的社会生活服务行业处于极度萎缩的状态。这是因为,对于城市居民来说,单位内部提供的各种服务的价格相比单位外的社会化生活服务更有优势,也更富有人情味,城市居民手中的可支配收入是有限的,他们自然愿意选择物美价廉的单位内的福利生活。城市居民从出生那刻起就享受单位的福利,一直到死亡,人们离不开单位,正所谓"一旦拥有,别无所求"。所以,在单位制度下,社区只是形式上的存在,却无法真正发挥分配公共产品的作用,其所仅有的功能是承担公共事务管理与服务。而且,城市社区内的单位虽然集中于同一社区,但是由于这些单位隶属于不同的行业或系统,基本不发生横向联系,这就导致城市社区成为"虚拟化"社区。同时城市社区原本的社会管理的职能逐渐弱化,"政社合一"的双城属性则不断被强化,城市社区逐渐演变为"行政—社会"双重属性的区位结构。

改革开放以来,伴随着市场经济体制的不断深化,我国城市基层的管理体制也逐步发生改变,传统的国家集中控制和统一分配资源的体制逐步解体,信测结构要素逐渐形成并日益成熟。社会结构的变迁使得计划经济时期的传统单位制受到了冲击,单位制整合和控制基层社会的功能逐步弱化,单位中的成员逐步摆脱"单位人"的束缚,以"社区人"的身份登上历史舞台,单位制逐渐从人们的视野中消失。城市居民的需求日趋多样化,单位体制下的公共物品供给体系已经不能满足社区居民的需求，日益增长的居民的多元需求同落后的城市管理体制间的矛盾越发凸显。城市居民是社会治理的重要组成部分，城市居民生活安定，社会就会和谐发展。因此，如何满足城市居民对公共物品的需求成为社区建设和社区治理的重要任务。

一方面，随着改革的不断深入，我国的社会管理体制由政社统一、企社统一、事社统一逐步向政社分开、企社分开、事社分开转变。各种政府机关、企业和事业单位逐步解放思想、转变职能，剥离自己本不应该承担的社会管理与公共服务职能，转而走专业化发展的道路。单位的含义也随之缩小，对于单位人来讲，单位仅仅是他们工作的场所，个体付出劳动，单位给予相应的劳动报酬，个体不再通过单位参与社会管理，单位也不再为个体提供各种公益服务。经济与社会转型带来的各种社会问题，如失业下岗人员的再就业问题、老年人的医疗卫生问题以及贫困家庭的救助问题等，成为社区管理的重点项目，只有不断培养和发展社区公共物品供给机制，才能有效解决这些问题。另一方面，随着私有化改革的发展，人们的产权意识日益增强，住房成了人们最重要的私人物品，社区内的居民普遍获得业主身份，他们对于社区公共物品的需求越发迫切。例如：社区内的居民希望社区能够提供良好的社区卫生服务，保证社区环境的干净整洁；社区内的居民希望个人的生命财产权益得到有效保护，希望社区提供良好的治安服务；随着生活节奏的加快，社区内的居民希望社区能够提供便民利民服务，社区公共设施遭到破坏后，能够及时地进行修复；等等。并且，随着时代的进步和社会的发展，各种新兴社区逐渐形成，受多种因素的制约，社区居民的资源分布和地理区位是各不相同的，居民第一公共物品需求的类型、层次也是有差异的，构建多元化的社区公共物品供给体系成为城市居民的普遍要求。

从某种意义上来说，中国城市社区建设的兴起，正是对日益增多的公共物品需求的策略回应。城市社区的建设是一项长期的工程，需要政府部门、社区组织、民间组织、营利企业以及居民自身等权利主体的通力合作。城市社区在建设的过程中要遵循互惠合作、民主协商的原则，各权利主体要主动地参与到社区公共物品的生产和供给中，实现优化社区秩序。因此，重构社区治理结构是城市社区建设的关键环节。在新形势下，城市社区的建设要从居民对公共物品和社会服务的需求出发，从传统观念的思维模式中挣脱出来，针对社会管理缺位的问题，构建新型的公共物品供给体系，从而替代传统的单位制和街居制，进而提升社区管理的服务水平。相较于单位制和街居制这种传统的公共物品供给体系，新型的公共物品供给体系具有如下特点：首先，从供给主体上来看，传统的公共物品供给体系由政府供给，供给形式较为单一，新型的公共物品供给体系则是多元化的社会供给；其次，从供给形式上来说，传统的公共物品供给体系处于政府部门的控制之下，有时政府提供的公共物品并不符合人们的需求，而新型的公共物品供给体系建立在民主协商的基础上，征得绝大多数社区居民的同意后，才提供给社区居民；再次，从供给层次上来说，传统的公共物品供给体系以物质性的硬件建设为主，而新型的公共物品供给体系则以共同体的精神整合为主；最后，从供给结构上来说，传统的公共物品供给体系属于垂直课程结构，而新型的公共物品供给体系则属于横向网络结构。

我国从计划经济体制过渡到市场经济体制，是制度的变迁，是政府与社会在经济生活和私人物品供给体系中的分权过程。社区物品多元供给结构的形成过程是政府和社会在公共物品供给体系中再次分权的过程。计划经济时期，公共产品供给体系受政府的统一管理，政府从自身的角度出发向城市居民提供公共产品，属于"政府本位"的权力格局；在市场经济体制下，公共产品供给体系的主体由政府变为公民，满足大多数社区居民的需求是公共物品供给的首要原则，属于"公民本位"的权力格局。可以肯定的是，社区公共物品多元供给机制的构建是一项长期且艰巨的任务，是否能够培育出社会内在力量决定着社区公共物品供给机制构建成败，而拓展社会空间与培育社会力量的动力又取决于政府职能的让渡和政社关系的调整。也就是说，如果政府部门能够将管理社会的职能让渡给社区，并根据社会需求及时调整政社关系，那么就可以形成有利于培育社会力量的外部环境，进而促进社会力量的充分生长，最终构建起多元化的社区物品供给机制。相反，如果政府部门不愿意将部分职能下放给行业协会、城市社区和社会组织等，那么社会管理的空间将会不断萎缩，培育社会力量的动力也就无法形成，社区公共物品的供给体系的构建更是无从谈起了。政府部门应将职能的重点放到经济调节、市场监管上来，应由"划桨者"转变为"掌舵者"，将其他的职能"外移"给市场、社区和社会组织。

回溯公共物品体系的发展历程，我们可以发现，20世纪70年代发达国家曾经出现过部分公共物品提供"失灵"的问题,面对公共物品提供领域中的困境,发达国家通过创新公共物品供给机制,如引入竞争机制,利用市场力量间接地提供公共物品,降低市场准入门槛,鼓励非政府组织向社会提供公共物品等,解决了这一难题。基于此,我国要借鉴和吸收西方国家公共行政管理改革的经验,构建具有中国特色的社区公共物品的多元供给机制。

(二)社区公共事务治理模式的发展障碍与成因

1. 社区公共事务治理模式的发展障碍

受城市文化和历史因素的影响,各个城市的社区公共事务治理模式在实施的过程中所遇到的阻力是大不相同的,但是归纳后发现有一些共性,总结起来有以下4点。

(1)社区公共事务治理角色错位

按照治理主体的不同,社区公共事务可以分为政府组织、社会组织、社区组织等,不同的社区公共事务治理主体有着不同的内涵。例如:政府组织从行政角度参与到社区治理当中,政府部门将社区公共事务治理的职能下放给街道办事处,由街道办事处负责公共物品的供给和分配;社会组织从市场角度参与到社区治理中,以物业公司、市政公司等具有商业性质的服务公司为社区治理的代表;社区自治组织从个人自治的角度参与到社区公共事务的治理当中,以业主委员会等社区自我服务、自我管理的组织为居民的代表,表达其对社区公共事务治理的意见。除此之外,还有一些社会志愿服务团队也作为社区公共事务治理的主体,参与到社区治理中来。社区公共事务的治理离不开这几大主体间的合作,只有它们之间互相配合、协调发展,社区公共事务的治理才能顺利地开展。但是在实际操作过程中,这几大主体间存在着自身角色定位不明确,部门职能重叠、混淆,甚至职能缺失等问题,由此造成了社区公共事务治理的混乱和效率低下。

从政府的角度来说,虽然随着市场经济的发展,政府不断深化改革,其角色定位由社会的管理者转变为社会的服务者,但是计划经济体制下形成的思维定式和制度惯性依然有着很大的影响力,政府通过行政命令管理社区公共事务的现象依旧存在。特别是在处理行政机构和城市社区相关民间组织和社会组织的关系上,这种政府机构的工作形态尤为明显。总结欧美发达国家的社区治理理论,可以发现，政府机构和相关组织相互协作，共同治理社区是促进社区治理健康发展的有力手段。尽管我国大力倡导先进的社区治理理念，但在实际的操作中，仍然存在着政府机构统一管理和领导社区事务的现象，不仅不利于政府权威的建立，同时也弱化了居民的需求，社区的其他组织难以通力合作，从而导致社区资源的浪费或闲置。

从社会组织上来说，社区公共事务的治理需要引入市场机制，充分发挥市场的调节作用，在获得经济利益的前提下，积极主动地为社区居民提供服务，及时解决居民的问题。特别是对于生活困难或者身体有残疾的弱势群体、特殊群体时，更要考虑到他们的困难，切实提供周到、细致的服务。除此之外，涉及居民人身财产安全的社区保障、社区安全等社区治理的内容，要严格按照市场规则提供相应的社区服务，确保居民生活在安定、平和的社区环境中。但是在实际操作过程中，部分社区组织将追求自身的经济利益作为首要目标，对于本身的公共服务职能却不上心，如有些社区物业向业主收取高额的物业费，但是却并未提供高质量的服务，一味地精简保安、保洁投入，导致业主居民的经济投入与所享受到的服务不一致，由此造成了社区纠纷。可以说，不断提高的物业费和低水平的服务质量间的冲突是社区纠纷产生的根本原因。

对于社区居民自治组织来说，自发性和非营利性是这类组织的显著特征。但在社区公共事务治理的实际操作中，政府部门行政力量的介入使得社区自治组织带有浓厚的行政色彩，独立性差。造成这种局面的原因有以下两个方面：首先，自治组织本身结构比较松散，缺乏发展的内在驱动力，本能地希望依靠政府行政手段来引导组织，帮助组织运行；其次，自治组织经费来源有限，政府财政拨款是很多城市社区组织经费的唯一来源，没有政府部门的支撑，这些城市社区组织根本无法正常运营，政府可以说是城市社区自治组织的"衣食父母"，为了能够从政府部门获得足够的经费，他们不得不听从政府部门的命令。在大部分的城市社区中，社区自治组织运营经费来源的单一化是普遍存在的现象，这就导致社区自治组织内部人员的管理和任命都需要经过行政部门的审批，具有较强的行政意志，甚至有些社区自治组织完全成为政府的附庸和行政助手，完全服从政府的行政命令，对于居民的合理需求则视而不见，直接违反了自治组织成立的初衷。从理论上来说，社区自治组织是社区居民的代表，以维护社区居民的利益为服务宗旨，如果忽视居民需求，导致居民的意见不能得到充分表达，居民的合理需求得不到有效的解决，那么他们自然不愿意参与社区事务。

按照目前的社区发展情况，社区公共事务的治理离不开政府对自治组织的引导，同时自治组织也要拓宽经费来源，吸纳社会资本，不断拓展自身生存空间，保证自身的独立性，激发居民参与社区管理的积极性和主动性。社区自治组织的发展同居民的主人翁意识有着密切的关系，当前很多居民的社区治理观念仍然受到传统观念的影响，主人翁意识淡薄，觉得自己只是普通人，接受政府机构的管理就可以了，缺乏参与社区事务的热情。只有社区治理的三大主体对各自的角色产生清晰的认知，在各自的职能范围内对社区公共事务进行协同治理，才能推动社区公共治理水平的不断提高，进而为城市居民提供高效率、高质量的服务。

（2）社区公共事务治理资源匮乏

任何事物的发展都离不开资源的支撑，社区公共事务的治理也不例外，即使再先进的社区公共事务治理理论，如果没有充足的治理资源，社区公共事务的治理也无法落实到实践中。社区公共事务的治理资源不仅包括政治资源、经济资源，还包括文化资源和人力资源。

当前我国社区公共事务治理中普遍存在的问题就是社区治理经费不足，治理相关基础设施落后，如果无法解决这两个问题，社区建设将无法进一步推进。随着房地产行业的蓬勃发展和住房商品化制度进一步细化，我国的城市社区迎来了发展的高峰，与之相对应的是，城市社区治理经费跟不上城市社区发展的步伐，由此带来了一系列连锁反应。由于没有充足的经费，导致相关的基础设施不健全，社区日常事务的运转无法得到保证，进而无法为社区居民提供满意的社区服务。伴随着社会经济的发展，社区居民的收入不断提高，生活水平也越来越高，需要社区提供更加丰富的活动内容，因此，社区事务治理的要求也在不断提高，治理内容呈现系统性、复杂性的特征，与之相匹配的治理经费和基础设施需要更充足和健全，这就要求社区公共事务治理的资金募集机制更加完善。目前社区公共事务治理的资金募集机制尚不健全，无法满足社区公共事务治理的需求。政府财政拨款是社区公共事务治理资金的主要来源，但是受多种因素的影响，政府投入的治理资金是有限的，影响了社区治理的正常运转，制约了社区治理的进一步发展。硬件设施和软件设施是社区治理工作开展过程中必不可少的物质基础，硬件设施包括办公用具、电脑等必需品，软件设施包括制订相关的规章制度和管理条例。

社区管理的内容极其广泛，包括计生工作、失业人员的安置工作、社区规划工作等。当前社区在硬件设备的配备中有很多不足之处，无法满足工作的需要。社区管理的工作量是极为庞大的，充足的硬件设备是确保社区工作高效率完成的前提和基础，但是硬件设备却是极为有限的，无法及时满足社区居民的需求，从而给社区和居民之间造成了一定的障碍。社区管理的顺利开展离不开完善的规章制度，伴随着社会经济的快速发展，社区管理的各项制度也需要及时地进行更新和调整，但现实是社区管理工作相关的条例条文更新速度较慢，对社区工作的开展造成了困难。

除此之外，充足且高素质的人力资源也是社区管理工作顺利开展的必要条件。但现实情况是，当前我国的社区管理工作，无论是在社区工作人员的数量上，还是在质量上，都无法满足城市居民的需求。有关研究表明，多数社区工作人员以女性居多，且女性的年龄都在40岁以上，文化程度普遍不高。社区中居民的情况比较复杂，如有些弱势群体需要社区工作人员帮忙做些重体力活，这些需要体力的工作由女性社区工作者处理显得过于辛苦，有些涉及男性隐私的社区工作显然也不适合女性社区工作者。我国社区工作发展尚处于初级阶段，人员的配备方式还不够成熟，随着社区治理工作的逐步发展，如今的社区工作更加复杂，任务量更大，因此，人员构成模式也要与时俱进，积极引入更多的年轻力量。社区管理工作日趋科学化，为此要引进专业对口的人才，如社会学专业的毕业生，使得社区管理工作进入真正的科学化、专业化的轨道。

（3）社区公共事务治理多元主体参与不足

随着时代的进步，城市社区治理的内容日趋丰富和繁杂，仅仅依靠政府部门的力量是无法完成如此庞大的工作任务的，构建多元主体共同参与的治理结构成为社区治理工作的必然选择。多元主体参与的治理结构指的是城市社区治理的良好局面需要不同治理主体的共同协作互助，治理主体包括社区居委会、各种社会组织和社区居民。当前我国社区治理中存在着自治机制不健全、社区居民缺乏归属感、社会参与不足等问题，社区治理良性互动的局面尚未形成。对于行政机构而言，政府部门要解放思想，转变观念，处理好自身与其他参与主体之间的关系。在计划经济体制下，政府在社区治理工作中处于主导地位，社区治理的所有事务都由政府部门进行管理,随着我国改革的深入、经济的转型,传统的政府包办的管理模式已然不适应社区管理工作的新形势。在市场经济体制下,政府部门要转变角色定位,适当地放权,将社区治理的事务分配给社会组织和社区自治。政府只需要在社会组织和社区自治出现分歧时,充当桥梁和催化剂。换句话说,政府需要摆脱计划经济时期管理顶端的角色光环,尽量扮演社区服务发起者的角色,从社区的管理者转变为社区建设的鼓舞者,为其他治理主体增加活力,当其他治理主体出现困难时,尽力为他们提供帮助。在实际的操作中,大多数社区行政机构很难摆脱计划经济时期的思维限制,使得自身在社区治理的参与中深度不足,形式单一。

对于社会组织而言,越来越多的社会组织入驻社区,社会组织参与社会管理的步伐不断加快,参与社会管理的程度也有了明显的提高,同时为社区服务的生产者带来了更多的挑战。随着城市化进程的加快,城市社区的建设步伐也在持续加快,社会组织不仅服务形式日益多样化,而且服务质量也不断提高。社会组织服务效率的提高是一个长期的过程,只有社会组织与当地社区不断地磨合,才能为城市社区提供更加周到细致的服务。因此,认真了解社区的背景和基本情况,是社会组织深度融入社区管理体系中的前提,这既需要政府机构的指引,也需要社会组织自身的努力。

对于社区居民而言,随着社会的发展和时代的进步,城市居民的思想意识不断提升,但是社区居民仍然只是将社区作为自己生活的场所,而没有归属感,这就导致社区居民不愿意投入社区治理的工作当中。大部分居民仍然抱着圈外人的心态,觉得政府和社会组织才是社区管理的主体,自己不需要参与。即使有小部分居民意识到自身也是社区的主人,对于社区的建设有着建议和监督的权利,愿意积极主动地参与到社区治理中来,但是因为行政机构的引导不足,导致这部分居民仅仅了解社区治理的概况。社区居民参与社区治理存在着参与程度不深和参与形式不足的弊病,这些都阻碍了社区的持续健康发展。

(4)社区公共事务治理推进不协调

社区公共事务的治理要求多方协调、共同推进,即政府组织、社区居民和社会组织各自承担自身的职责,面对社区治理中难以解决的问题,积极协作,共同承担。明确的责任意识和分工合作的理念是公共事务治理工作顺畅开展的前提条件，无论是政府主导型模式的社区，还是自主组织主导的社区，都同样适用。但是在实际操作过程中却存在着角色错位的现象，政府组织、社区自治组织和社会组织三方的权利和义务不甚清晰，行动资源匮乏以及参与不足的情况经常发生，导致社区公共事务治理无法协调推进。

以政府主导型管理模式的社区公共事务治理为例，在该种模式下，政府部门逐渐将行政管理的权力下放给街道，街道在社区公共事务治理中处于核心地位，对于关系到社区居民的切身利益和影响社区发展的重大事项具有决策权，同时街道具有管理基层党组织和党员的权力。但是在实际操作中，社区管理表现出浓重的行政化色彩，这是因为政府部门将居委会等同于自身的下属执行机构，将本不属于居委会管理权限的任务摊派给他们，居委会的工作重心从自治转移到了承担政府行政职能，居委会花费大量的时间和精力来完成政府摊派的任务，导致他们的自治能力无法得到充分地体现和发挥。这是政府主导型模式必然会产生的一方角色的变异。这时就需要社区其他自治组织承担起责任，弥补居委会行政化带来的自治不足的缺陷，如社区居民可以选择责任心强、能力较强的业主作为代表，成立业主委员会、社区环境卫生自治委员会等进行自我管理，这样即使行政力量比较强势，社区自治组织也能正常运行。由于社区自治组织是由社区居民选举产生，代表了绝大多数居民的权益，与居民天然有着紧密的联系，社区居民也愿意主动参与到各项自治事务中，进而提高对社区的认同感和归属感。社会组织也受到了自治组织的监督，在居民花钱买服务的前提下，能够遵循市场的规律，提供与之相等值的公共服务，这才是公共事务治理协调推进的节奏和过程。

2. 社区公共事务治理模式发展障碍的成因

尽管我国社区公共事务取得了显著的成效，但是社区公共事务治理模式的发展过程并不是一帆风顺的，制度的变迁是制约社区公共事务治理模式进一步发展的最大阻碍。制度是社会的游戏规则，是人类根据社会发展的需要，从自身成长的角度出发，人为创造出来的行为框架。制度具有强制性，人们必须在制度限定的范围内，进行相互交流。制度通过提供一系列规则，界定人们的选择空间，约束人们的关系，从而决定发展模式。所谓制度变迁指的是制度的替代和交换的过程，是由效率更高的新制度取代旧的制度的过程。制度是发展模式存在的根基，有什么样的制度就产生相应的发展模式，也就是说，伴随着制度的变迁，发展模式也会发生变化。由此可知，社区公共事务治理模式在发展过程中遇到的阻碍，就是我国经济制度、社会制度变迁所带来的影响。

（1）从计划到市场的经济体制转型

社区作为基本的社会单位，是无法单独存在和运作的。无论是经济要素、社会要素，还是文化要素、技术要素，都或直接或间接地影响着社区的发展进程。社会的发展是多种因素共同作用的结果，经济体制的转型势必会引起诸要素的变化，从而导致社区内部要素也发生变化。

从经济角度看，受城市整体社会发展水平和人民生活条件的影响，不同城市社区的规模和质量是各不相同的。计划经济时期，社会生产和人民生活的物质统一归政府分配，这在一定程度上阻碍了城市社区的健康发展，降低了城市社区的建设规模和服务质量。随着改革开放基本国策的确立，我国的经济体制从计划经济向市场经济转型，市场机制的引入为城市社区的发展带来了生机与活力，城市社区居民的生活水平和生活质量也有所提高。城市社区作为城市居民开展社会生活的重要场所，更要及时调整治理模式，以适应人们对于高质量生活环境的实际需求。

从社会角度看，在经济转型的过程中，政府的职能也发生了改变。在计划经济体制下，政府对于社会中的所有事务都具有管理的权限，需要全方位地掌控社会中的一切事务。在市场经济体制下，政府由社会的管理者转变为服务者、引导者，原来大包大揽的方针已然不适应市场经济条件下的社区管理，将部分职能交托给社会，增强社区的自主性成为社区管理的主流。另外，在体制转型的过程中，还产生了很多的社会问题，如国有企业改革造成了大量工人下岗，无形中增大了就业市场的压力；生存基础较薄弱的群体在国企改革的冲击下生活困难，城市贫困人口的数量陡然增多等，有效的社区治理成为解决这些问题的重要途径，基于此，改变原有的社区运作模式，增强自主性以适应社会转型的需要成为社区治理的必经之路。

从文化角度看，文化对社区的影响主要体现在以下两个方面：一方面是社区空间物质形态的规划和建设；另一方面是社区群体的文化需求。在经济转型的过程中，社区居民的价值观、道德标准以及审美情趣都发生了变化，这就要求社区治理工作要加强思想道德的宣传工作，以社区为基地宣传"主流文化"，提高居民的文化修养和道德素质，帮助居民建立个人社会身份的认同。

从技术角度看，科学技术同社区建设之间有着密切的关系，技术的进步无疑会对社区的建设产生影响，如建筑材料和结构技术的创新会直接影响社区的物质形态。而快速发展的通信技术和网络技术又改变了居民的生活方式。技术的进步有赖于经济的发展，飞速发展的网络技术同样有赖于市场经济体制下科技企业的市场化转型。

制度变迁是导致以上要素发生变化的根本原因，这些要素的变化也对居民、社区组织、政府等社区公共事务治理主体的行为产生了深远的影响。

（2）社会价值冲突与摩擦凸显

随着城市化进程的不断加快，城市中的竞争也越发激烈。个人要想在城市社会中得到更多生存和发展的机会，需要两方面的支撑：一是城市需要构建良好的制度体系；二是个人创造的"关系网"。随着对外开放程度的进一步加深，经济改革的步伐不断加快，商品经济的浪潮席卷而来，城市社会结构开始变迁，城市社会分层层次增加，日趋激烈的竞争使人们的生存压力不断增大。尽管我国倡导工作岗位没有高低贵贱之分，但是事实上的不平等、社会关系的物化等，都促使人们盲目地追求物质生活的完美。每个人都渴望优越的物质条件，但是却不是所有人都能得到理想中的生活，当人们自我的期望值与实际得到的产生差距时，就会产生心理落差，心态也会发生改变。特别是自我的内心欲望和需求与自身的能力有着较大差距时，通过正规的手段显然无法满足内心需求，人们就会产生违规操作的心理，在这种心理的驱使下，人们就会产生违规行为。失范是社会学中的专业术语，指的是当人们出现违规心理时，个体和社会形成的非常规状态。社会结构的转型是失范行为出现的重要因素，这是因为面对着骤然改变的社会结构，个人的欲望失去了社会约束，同时生活条件的变化又会使人们的欲望标准产生变化，旧的社会标准被打破，新的社会标准短时间内又无法建立起来，社会动力失控，由此造成了人们价值观的冲突。

改革开放前，我国实行的是计划经济体制，对于人员的流动有着严格的限制，城市社区人员相对固定。同时我国的户籍制度和人事档案制度比较严格，人们的生活空间被压缩在十分狭小的领域，很多人的生活轨迹就是家、单位两点一线，很难接触到生活和工作领域以外的人，人们之间的交往也相当透明，社会规范是人们必须遵守的行为准则,一旦有人触犯社会规范,人事档案就会完整地记录下来。在这种形势下,人们有着极强的责任感,坚定不移地维护集体的声誉,人们的行为受到集体荣誉感和集体归属感的约束。随着改革开放的深入,市场经济体制逐步确立,社会多元化和经济双轨制成为常态,旧的价值观和人生观开始失去准则的作用,个人的意识不断增长,集体意识逐渐淡薄,个体利益至上的价值观开始泛滥。个人利益和社会利益间的冲突日益明显,由此滋生了失范行为。其中社区归属感不强,参与社区治理的积极性较低,都是价值观冲突的典型表现。

（3）社会空间结构的急剧变化

城市空间结构指的是城市中不同的人群居住的空间分布状况。随着住房体制改革的不断推进,住房商品化的观念日益深入人心。在计划经济体制下,城市人口要想改善住房条件,只有重新选择居住地这一个选项。快速发展的城镇化带来了大量外来人口,房地产行业为了满足外来人口的住房需求,不断翻修原有社区和建设新的社区,城市人口有了更多的选择机会,可以根据自身的需求选择合适的居住地。外来人口的增加对于城区规划也产生了重要的影响。城市人口的居住流动正在重新定位新的城市社会空间。例如：生活条件富足的家庭居住的社区,环境整洁、基础设施完善,被称为"高档区"；贫困家庭居住的社区,环境混乱,基础设施落后,被称为"贫民社区"。新的社会问题也随之涌现。特别是在20世纪90年代中后期,我国城市社会转型和经济转轨使得城市社会问题日益凸显,如国企改革裁撤了大量员工,就业市场异常严峻,同时阶层分化、城市管理也是亟待解决的问题。

（三）社区公共事务治理的理念

社区公共事务治理必须遵循以下原则：公平、效率、民主、秩序,这些原则同时也是社区体制改革行为选择的价值取向。其中公平和民主是社区公共事务治理的实质价值,效率和秩序则是社区公共事务治理的工具价值。多元网络合作治理体系构建的实质就是在平衡两类价值的基础上进行合理的制度安排。

1. 公平是社区公共事务治理的核心价值

公平正义是人类社会中具有永恒价值的基本理念和基本行为准则。正义是社会制度的首要价值,正像真理是思想体系的首要价值一样。公平正义就是社会主义国家制度的首要价值。公平不仅包括法律意义上的公平，即每个人在法律范围内享受着同样的权利，履行应尽的义务，触犯法律后承担相应的法律后果，不会因为年龄、性别、工作岗位而有所区别，还包括事实上的公平，即给予最少受惠者以必要的补偿，减少社会中的不公平。

回溯发达国家的社区公共事务治理的经验，我们可以发现，社区发展是社会发展的必然路径，社会倡导的公平价值的理念是对社区发展理念的归纳总结。联合国高度重视社区的发展，推出了一系列的社区发展运动，其主旨都是改变落后状态，实现社会的公平正义，推动整个社会的和谐。

我国经济领域、政治领域和社会领域发展结构性失衡，产生了诸多社会问题。这些问题随着单位制度的解体沉积于社区，社区成为社会问题的"仓储域"和社会问题下沉的"筐底"。

2. 效率是社区公共事务治理的重要价值

社区公共事务治理既具有公共性，又具有管理性，同时还要追求效率原则。在社区公共事务治理中，效率价值与公平价值并行不悖。前者更多关注公权力运行的有效性，它要求公权力拥有者合理利用资源，有效管理公共事务以及解决公共问题；而后者强调的是公权力本身是否具有合法性，要求公权力将服务公共利益作为准则和宗旨，也就必然要关注责任、参与、回应性等价值。公共产品之所以需要公共组织提供，公共组织供给公共产品之所以又需要引入市场机制，其原因就在于私人部门提供公共产品难以保证公平，而政府主体供给公共产品又效率低下。从我国目前社区行政管理和社区公共服务现状来看，社区公共事务治理同样需要秉承效率原则。

3. 民主是社区公共事务治理的基本价值

其一，民主是社会主义的本质要求和价值追求。党的十七大报告指出：社会主义越发展，民主也越发展；发展基层民主是发展社会主义民主政治的基础性工程。其二，民主发展的基本逻辑决定社区构建。

公共事务治理理想模式必须坚持民主原则。阿历克西·托克维尔（Alexis Tocqueville）在《论美国的民主》中揭示了基层民主自治的价值及其内在逻辑。一方面，乡镇自由及其独立组织可以打破联邦政府权力垄断的格局，维护乡镇和人民自由的权利；另一方面，乡镇组织中的成员大多来自乡镇，代表的是乡镇人民的根本利益，乡镇中的公民有着积极参与公共事务管理的意向，自觉关心乡镇的建设，由此形成特定的乡镇精神。在长期的乡镇公共事务的管理中，乡镇公民体会到了这种组织形式的好处，理解了权力的优点，并对他们应该享有的权利和履行的义务有了明确和切合实际的认知。可见，基层自治对于公共领域和公民意识的发展具有重要的作用。

4. 秩序也是社区公共事务治理的重要价值选择

秩序是人类的基本追求，也是社区公共事务治理的基本价值取向。事实上，从统治行政到管理行政，从新公共行政到新公共服务，秩序是一以贯之的价值追求。我国正处于社会转型期，而从传统到现代的过渡时期，实际上就是一个克服社会动荡和防止政治衰朽的历史阶段；秩序也是"矛盾凸显期"。因而，秩序是构建和谐社会不可或缺的重要价值，也是社区公共事务治理的价值选择。没有秩序，难以实现公平、效率、自由和民主。

（四）国家治理体系下的社区公共事务治理机制构建

1. 治理视角下社区公共事务治理的必要性

（1）宏观视角：国家治理体系的要求

从宏观维度看，社区事务分类治理是国家治理体系的要求。国家治理体系有着丰富的内涵，由政治权力系统、社会组织系统、市场经济系统、宪法法律系统以及思想文化系统五部分构成，这些系统之间相辅相成、相互联系，使得国家治理系统成为一个有机整体。社区是社会的微观缩影，社区体制是社会体制的微观基础，社区治理便是社会治理的核心内容。

社区的公共事务分类治理指的是社区的利益主体对于社区中的政治权力系统、社会组织系统以及市场经济系统中的资源进行再次分配，实现资源的有效利用。在集权实效的背景下，社区公共事务的分类治理主要表现在如下方面：首先，政府部门将逐步下放社区的管理权限，不再全面控制和管理公共事务，行政命令不再是政府管理公共事务的唯一手段，从"一把抓"的管理模式中挣脱出来，构建服务型政府；其次，政府部门要充分发挥社区组织和社会组织在公共事务管理中的作用，处理好政府组织与社会组织之间的关系，构建现代公共管理和公共服务系统，实现工作效能最大化。

（2）中观视角：创新社会治理体系的要求

从中观维度看，社区事务分类治理是创新社会治理体系的要求。党中央和政府高度重视社会治理体系改革，提出了完善社会治理体系、进一步推进社会治理创新的倡议。在市场经济体制下，社区治理要遵循市场的运行规律，充分发挥市场的调节作用，同时社区公共事务治理要综合考虑政府、社区自治组织、社区居民等利益主体的意见，以公共利益和社会认同为准则，通过民主协商、资源交换等机制共同进行有效管理，社区管理的最终目标是满足社区需求，优化社区秩序。对于社区管理来说，创新社会治理体系不仅是理论上的新观点，还是实践中的突破。创新社会治理体系就必须深化社会组织管理制度改革，行政机关要转变政府职能，重新定位其在社区治理中的功能和职责，正确处理行政机关与行业协会、商会之间的关系，支持群团组织依法参与社会治理，大力发展志愿服务和慈善事业。有关研究表明，城市社区公共事务治理，未来必然会朝着专业化的方向发展，而发挥政府的主导作用正是创新社会治理体系的首要前提。创新社会治理体系是一场深刻的变革，是实现社会从稳定到有序，再到有序与活力兼备的动态转变。

（3）微观视角：社区体制改革的要求

从微观视角看，社区体制改革的目标是构建系统化、创新型的社区治理模式，而社区公共事务治理正是社区治理的核心内容。因此构建科学化的城市社区公共事务治理机制是社区体制改革的重要组成部分。经过多年的发展，我国在社区建设中积累了丰富的经验，为社区体制改革与创新提供了诸多启示，如多元主体公职模式、民主治理理念等。

社区管理实践证明，大力发展社会组织是促进社区发展的有效途径。因此，政府部门要加快职能转变，降低市场转入门槛，大力培育社会组织，并鼓励它们参与社区建设。社会组织的发展不仅对于社区的发展有着积极意义，还有助于培养社区公民的参与意识和公共精神。我国传统的社区建设模式是"社区管理"，随着社区管理体制改革的不断深化，"社区治理"的理念逐渐成为主流，和"社区管理"相比，"社区治理"体现了以人为本的精神，法治色彩和人文色彩更加浓厚。社会学专家提出了社区治理现代化的主张，即社区治理的过程要具备法治化、规范化和民主化。从"管理"到"治理"的转变，体现了中国共产党执政理念的根本转变。

2.治理视角下社区公共事务治理的可行性

（1）实践平台：社区管理体制的改革

随着社会的发展，社区治理理论日益成熟，市场经济体制确立城市居民需求日益增长为社区管理体制改革提供了外部条件，社区治理理论在社区公共事务的运用成为可能。同时社区治理理论在社区管理上的实践也推动着社区管理体制改革的进一步深化。社会主义市场经济体制的确立带来的影响是极为深远的，不但对计划经济体制造成了冲击，而且改变了城市社区的管理模式。计划经济时期的"单位制"逐渐解体，社区制取代了"街居制"，成为社会管理的基本单元。在计划经济体制下，政府是社会管理的唯一主体，社会中的所有事务都处于政府部门的管理中，采用的是"一元制"的管理机制。随着我国由计划经济向市场经济转型，我国的社会管理结构和方式都发生了改变，社区成为经济、行政和社会等体制改革的缓冲区，社区管理的主体扩展为政府、社会组织以及社区居民，"政府—社会—居民"的"三元互动"的社区管理体制逐渐成熟，形成了政府与社会有效衔接和良性互动的局面。

（2）思想基础：居民权利意识的成熟

完善的社区治理体系的构建离不开城市社区居民的参与和支持，城市社区居民是否有成熟的权利意识决定着社区治理的机制是否健全。这是因为社区群众是社区治理的基础，如果社区居民的权利意识较为淡薄，缺乏参与社区治理的积极性和主动性，那社区治理的体制将很难完善，也无法为社区居民提供优质的服务。相反，如果社区居民的权利意识较强烈，以主人翁的态度参与到社区治理中，为社区治理活动提供支持，确保社区治理各项工作的正常运转，从而实现社区治理的健康发展。虽然社区治理是社会治理的基础，但是社区治理和社会治理还是有着显著区别的，如社会治理是建立在公民政治和社会认同的基础上，只有全体公民支持国家的政治体制，坚信该政治体制是符合本国特色且实现经济发展的最佳制度，才能确保社会的长治久安；社区治理更多的是依靠社区成员自觉地服从和参与。近年来，随着我国城市化进程的加快，大量外来人口进入城市，多样化的居民构成使得居民利益诉求日趋多元化。单一的治理主体难以满足社区治理的目标，鼓励居民参与社区治理成为整合不同居民利益诉求、满足社区日常管理的必然选择。社区治理作为社会管理的重要组成部分，已成为加强和创新社区管理服务的必要手段。随着社会经济的发展,居民的生活水平不断提高,居民与社区的利益关系日趋紧密,居民对于社区事务越发关心,参与社区建设的热情也越来越高。有关研究表明,社区居民的自主意识同社区建设呈正相关,即社区居民的自主意识越强,参与社区建设的积极性越高,社区建设的程度会更高。除此之外,充分发挥社区居民在社区治理中的作用,不仅有助于解决政府管理危机,确保公共政策的有效运行,还有助于进一步完善和落实民主制度,推进我国的民主化进程。

(3)社区条件:社区相关组织的参与

社区相关社会组织不仅是社区组织体系的重要细胞,还是构建和谐社区的具体实施主体。当前我国社区治理中尚存在着基础设施滞后、服务效率低下等问题,社区相关社会组织通过开展各种活动和服务,能够有效弥补政府功能的不足。当社区居民内部出现矛盾冲突时,社会组织可以通过协商、调解等形式化解社区矛盾,推动和谐社区建设。有关调查显示,目前社区社会组织在社会管理、社区服务、社会事务等领域发挥着积极的作用,在构建和谐社区的过程中,社区社会组织的工作内容主要体现在以下方面:社区社会组织开展社区就业指导培训工作,向社区内的失业人员讲解就业形势及就业方面的基础知识,使社区居民了解就业和补贴政策,提高就业率;社区社会组织向社区居民收取物业费,并提供等值的服务,确保社区安全和社区卫生;社区社会组织在节假日开展多姿多彩的文化活动,丰富社区居民的精神文化生活;社区社会组织还承接社区评估、社区调查、社区维权、社区调解等事务性工作。

在市场经济体制下,基层政府的角色得到了重新定位,由社区的管理者转变为社区的引导者,将部分社区管理职能移交给社区社会组织。社区社会组织通过承接社区相关管理服务工作,促进社区居民和行政机构的良性沟通,加快政府职能深刻转变。

3. 我国社区公共事务治理机制的构建

(1)完善结构:培育多元参与主体,分配治理角色

随着时代的进步,城市社区治理的利益相关者呈现多元化的发展趋势。利益主体的多元化必然要求构建多元化的服务体系。因此,现代城市社区治理势必要综合考虑多元利益主体的需求,建设以"多元主体、多元平台、多元服务"为基

本框架的多元共治社区治理体系。其中，多元主体由社区综合党委、社区居委会、社区工作站、辖区单位、社会组织、社区居民等"六类主体"构成，鼓励社区中的各种力量主动参与社区建设，发挥其积极作用，为社区建设献计献策，进而提高社区治理的水平和服务质量；多元平台指的是包含议事决策、服务执行、评议监督、矛盾调处、信息网络等内容的"五个平台"，目的是使社区各类事务都有处理的渠道；所谓多元服务指的是社区治理体系为社区居民提供的行政服务、社区基本公共服务、社区公益服务和社区便民服务等"四项服务"，其目的是让社区居民享受到丰富便捷的公共服务。

第一，要厘清多元主体，优化治理结构。在市场经济体制下，我国基层政府将社区管理的部分职能移交给社区组织，但这并不意味着我国基层政府放弃了对社区的管理职能，而是通过社区党组织这一中介来管理社区，引导社区建设。因此，要坚持社区党组织在基层各类社区中的领导地位，在处理基层社区的各项工作时要充分发挥社区党组织的统筹、协调的功能。社区党组织具有协调多元利益关系的权力，因此当社区居民内部发生矛盾纠纷时，社区党组织要及时地进行调解，以化解矛盾。有关调查显示，社区居民的自治意识对于社区建设有着积极意义，因此社区党组织要开展多种活动，提高社区居民的自治意识，鼓励居民参与社区治理，引领社区居民自治。社区建设的良性发展离不开社区各类资源的支持，因此社区党组织具有统筹调配社区各类资源的职责。多元共治社区治理体系的构建是一项长期的工作，需要各方积极力量的参与，因此要逐步完善社区党组织的管理机制，在居民较少的社区建立社区党代表工作室，推行党代表和人大代表、政协委员固定时间到社区值班制度。思想先进的领导班子是社区治理工作顺利开展的必要条件，因此社区党组织要吸纳有影响力的驻社区单位党组织，以"兼职委员"身份进入社区综合党组织领导班子，为社区治理工作提供活力。社区居民作为社区治理的利益相关主体，直接影响着社区各项措施的落实，因此要建立党居联合意识会，将其作为社区最高决策平台，涉及社区居民切身利益和社区重大事务由党居联合议事会集体决策，发挥社区党组织在社区事务决策中的引领作用。

第二，建立多元平台，拓展多方参与渠道。建立居民议事会制度，议事会的成员由社区党组织、居委会、社区民警、社区居民等方面的代表组成。居民议事会要定期向各方力量介绍社区内的事务,使各方力量了解社区内的基本情况,积极引导各方力量按照规范对社区事务进行科学评判,落实民主集中制原则,逐步形成民主议事、民主决事的良好氛围。社区管理者要及时梳理当前各类社区服务工作,建立社区服务中心,打造"大服务平台"的社区服务新模式。引入市场机制,积极培育社会组织,将社区管理中的部分职能移交给社会组织,社会组织通过项目化购买服务的方式承接服务事项,提高社区服务水平。为了提高社区居民的满意度,进一步完善社区服务监督机制,成立社区工作评议会,由社区居民选择合适的评议会成员,对社区各治理主体的履职情况进行评议监督。

第三,优化多元服务,提高居民生活品质。社区治理的宗旨是为社区居民服务,因此要进一步优化社区服务,特别是与居民生活相关的行政服务、社区公益服务等服务内容更是社区治理体系建设的重点环节。为了能够最大限度地解决社区居民的问题,将社区办事大厅原来的计生、劳保等各项行政服务窗口整合为综合服务窗口,这样社区居民只需要在一个窗口就可以办理计生、劳保等多项业务,大大提高了工作效率,为社区居民带来了便利。建立"三厅融合"的行政审批系统,即将区级办事大厅、街道社区办事大厅以及网上办事大厅三者融合起来,逐步实现所有行政审批事项在一个窗口,让社区居民办事更便捷。从不同社区的具体情况出发,以居民需求为导向,定期走访社区,针对社区居民关心的养老服务、青少年服务等项目,开展便民服务,引导社会力量提供专业服务,提升居民生活便利性。

(2)增强活力:增强社区社会活力,发展社会组织

党的十八届三中全会《中共中央关于全面深化改革若干重大问题的决定》指出:"直接面向基层、量大面广、由地方管理更方便有效的经济社会事项,一律下放地方和基层管理。适合由社会组织提供的公共服务和解决的事项,交由社会组织承担。重点培育和优先发展城乡社区服务类社会组织。"因此,需要完善地方性法规和行政规章,明确街道办事处、社区卫生服务中心、社区服务类社会组织的职权,居委会要在法律法规的规定下依法协助行政事务,如居委会可按照社区需求购买政府公共服务。

第一,加强社区社会组织的志愿服务功能。随着社区治理参与主体日趋多元化,越来越多的社会资源投身公益服务,社区公益类社会组织的数量逐年增加。

有关调查显示，社区公益类社会组织为社区治理注入了活力，增添了动力，在社区治理体系的构建和完善过程中发挥着积极作用。很多社区公益类社会组织都鼓励成员积极参与和谐社区建设，甚至有的社区公益社会组织还以规章制度的形式明文规定所有成员参与志愿服务的数量，并将之作为考核指标，即公益社会组织的成员每年必须提供一定量的志愿服务，同时对于提供志愿服务较多的成员进行表彰，给予优秀志愿者的称号。社区治理工作包含很多繁复的任务，需要社区管理人员投入大量的时间才能完成。社区社会组织的志愿服务在一定程度上缓解了社区工作人员的压力，有利于改善社区服务的质量。对于社区公益组织来说，社区社会组织志愿服务有助于培养团队精神，建立社区社会组织的良好形象。

第二，加快组织机构建设，优化组织服务职能。伴随着社区治理理论研究的不断深入，我国深圳、北京、上海等城市纷纷吸取社区治理理论中的优秀成果，建立了社区社会组织管理机构，创新了社会管理体制。深圳、上海等城市的社区建设经验，为我们带来了诸多启示：社区社会化组织可在社区内建立小型的、专业服务机构，为社区内的居民提供基础治疗与服务设施，实现建设和谐社区的目的。

（3）技术创新：加快信息化建设，推进治理现代化

随着城市化进程的加快，社区形态日趋复杂，社区管理要素也与日俱增。同时，随着居民生活水平的提高，可支配收入的增加，居民希望社区能够开展丰富多彩的服务。目前，网络技术已经在社区治理中得到了广泛的应用，加快社区治理的信息化建设已然成为社区服务创新的重要手段。但是，由于社区治理的信息化建设起步较晚，还存在着信息化应用领域不广、信息化应用水平不高等问题，解决这些问题，可从以下三个方面着手。

第一，强化信息化服务平台建设。社区治理信息化水平的提高有赖于通信技术的发展和信息化工程的实施。长期以来，我国社区治理的重点是硬件基础设施，如先进的办公用具等，而对于软件，如信息服务平台的建设相对滞后。随着信息技术的发展，信息服务平台在提升社区服务质量中的作用日益凸显，特别是信息服务平台所具有的数字化、网络化、智能化的特征，使社区管理者可以及时了解居民的需求，从而提供精确的服务。社区信息化服务平台的建设要遵循"总体规划、部门协调、信息互通、资源共享"的原则，制订统一的信息化建设标准。社

区治理的相关利益主体要积极参与到信息化服务平台的建设中，形成全面覆盖的社会治理信息网络体系。规范、系统的信息资源是信息化平台建设的基础，因此，社区管理者要做好信息的采集工作，扩大信息技术在公共服务领域中的应用范围。为了避免信息服务平台的重复建设，要对区域内的所有社区进行统一的规划设计，打破社区治理条块分割带来的不利影响。高速、快捷的信息化服务平台必须实现信息的实时交换，因此要采用先进的技术和理念，借鉴成熟的社区治理信息化建设模式，保证信息使用简便、发布迅速。此外，社区信息平台建设，还需要注重向基层末端延伸，努力推进城乡社区信息化建设一体化。

第二，强化信息化服务体系建设。随着信息技术的迅猛发展，运用先进的信息技术手段，提高社区服务的工作效率，是缓解社区治理混乱局面的迫切需要，也是社区治理服务体系发展的必然趋势。社区治理的根本目标是满足社区居民日益多元化的需求，因此社区服务体系建设要从居民的需求出发，整合服务资源，拓展服务内容，进而提高社区服务水平。随着我国经济体制的转型，社区承担了更多的社会管理职能，就业和社会保障工作在计划经济时期是由政府部门负责的，现在则将这部分职能移交给社区，因此社区要围绕便民利民这一目标，着力搞好社区就业、社会保障，以及社区文化、教育、体育等方面的信息化服务。有关研究表明，民主协商是解决社区群体性矛盾冲突的主要方式，也是维护最广大社区居民共同利益的重要途径，因此，社区管理者要充分发挥民主协商的优势，建立居民利益表达和利益协调机制，引导居民进行自我管理、自我服务。将精细化管理引入社区治理中，注意信息平台建设与整个服务平台建设相协调，引导社区成员主动参与社区治理，注重建立综合治理信息平台，实现各类社会服务一体化。

第三，强化信息化保障机制建设。信息化条件下的社会治理创新，需要有高素质人才作为保障。社区要高度重视信息人才的招聘工作，同时对社区现有工作人员定期开展社区信息化业务培训，不断提高街道干部、社区组织成员运用信息技术的能力。大力整治传播虚假有害信息，依法打击各种网络违法犯罪行为，保障公民正常使用互联网的权益。

第二节　社区治理中的社区商业服务

一、社区商业服务概述

（一）社区商业服务的概念和特点

1.社区商业服务的概念

所谓社区商业服务，是指为社区辖属范围内的居民提供服务，用于满足居民综合消费需求，旨在实现某种商业目标。

2.社区商业服务的特点

社区商业服务范围仅限于社区地域分布空间内，社区商业从属于城市商业空间层次。相较于其他城市商业而言，社区商业地域分布需要根据社区地域空间分布来决定。

社区商业服务对象具有特定的指向群体，即面向社区自身及社区所属范围内的居民提供综合服务。因此，社区商业服务对象群体基础较为稳固牢靠。

社区商业服务内容呈综合化趋势，便于社区附近居民及时获取相关服务。社区商业服务以满足区域范围内居民综合消费为目标，注重解决居民的日常消费需求。常见的如超市、餐饮、理发店、干洗店及美容院等，都是为社区居民提供商业服务的场所。在居民消费观念和消费水平日益改善的情况下，社区商业服务会获得较大的发展空间。

（二）社区商业服务的分类

1.社区底商、社区商业街、社区商业中心

根据社区能够承载商业主体的集散程度、社区商业整体结构布局来对社区商业进行划分，主要分为社区底商、社区商业街和社区商业中心三种。

社区底商，即分布在社区楼盘底层或低层的商业性用房，通常会靠近居民住宅楼，用以满足附近居民的综合消费需求。因此，社区底商又被称为"邻里商业"。社区底商属于社区商业配套设施的实体部分，在住宅或公寓的底层设置具有商业服务性质的设施建筑，一般会靠近附近的居民住宅区，不会在住宅、公寓等物业的低层选址。社区底商会以裙楼的空间分布形态存在，服务人口在5 000人左右。

社区商业街通常分布在社区住宅空间两侧，各个商业铺位依次相邻或相接，形成具有特色商业气息的街道。社区商业街内多为单层的商业物业，但也有少数多层商业物业存在，其内部的商业铺位是独立铺位。社区商业街的形成有其特定的背景，它主要是通过建立大型商业配套设施，满足住宅区居民的日常生活消费需求，并完善社区商业结构布局。社区商业街能够弥补社区底商和社区商业中心的不足，既能为社区自身及附近区域居民提供先进的商业形态、完善的商业业态和优美的商业环境，又能形成具有休闲娱乐特征的商业消费文化，更能体现多元化、个性化的商业服务模式。社区商业街选址首先会考虑社区住宅，社区商业街多数会分布在社区住宅项目的入口，形成平面形态的商业街铺，服务人口为2万～5万人。

社区商业中心，即各类社区商业网点的集散地，因其空间占地面积较大，并且其内部分布着各种业态的社区商业服务网点，故又被称为"社区商业广场"。社区商业中心是社区商业的最高组织形式，它以高度集中的商业运作模式普遍赢得附近居民认可，同时依托已形成的辐射区域，能够解决居民就近展开生活购物的需求，从而有效节省了附近居民的时间成本。各类商业网点以多层集中式的物业形态分布，构成服务人口在3万～4万人的社区商业中心。各种业态的商业服务网点，如超市、水果店、便利店、餐饮店、药店及家政服务等，超20个以上的商业服务网点提供多类型的商业服务功能。

2. 外向型社区商业、中间型社区商业和内向型社区商业

受社区商业规模、业态组合、区域商业特征、社区商业辐射力、商业与住宅的关系、商业与核心商圈内人口的关系等条件的影响，不同的社区商业拥有不同的外来消费群数量。这就表明，社区商业本身存在对外经营能力的强弱差异，按照此种要素划分，社区商业可分为外向型社区商业、中间型社区商业及内向型社区商业三种。

除满足本社区居民的日常生活消费外，外向型社区商业还会根据商业经营特色吸引外部消费人群，强化社区商业经营空间。因此，这就会相应增加外向型社区商业的商业体量，从而产生较强的对外经营能力。外向型社区商业主要以外部消费人群为目标对象，通过改善周边环境设施，为外部消费人群构建良好的商业消费氛围。

中间型社区商业以满足本社区居民日常生活消费为主，同时会适当考虑外部消费人群的消费需求。中间型社区商业介于外向型社区商业和内向型社区商业之间，商业体量少于外向型社区商业，但却多于内向型社区商业，周边商业环境设施一般。

内向型社区商业完全是为本社区居民考虑的，服务对象是本社区消费群。因此，内向型社区商业规模会根据社区内部消费群数量而定。内向型社区商业体量在三种类型中最小，基本不会考虑对外消费人群的消费需求，并且缺乏良好的商业环境设施。

社区商业对外经营强弱受多方面因素的影响。其中，社区商业规模决定着社区商业对外经营的能力。具体来看，社区商业对外经营强弱与社区商业规模成正比关系，如果社区商业规模较大，那么社区商业对外经营性质就会较强。另外，业态比例同样决定社区商业对外经营能力，在社区商业规模相等的情况下，由于业态比例存在差异，社区商业对外经营的辐射力度就会存在不等的变化。而区域特征、商业与住宅的关系、商业与核心商圈内人口的关系，也会影响社区商业对外经营能力。

（三）当前中国新型社区商业服务的内涵

我国社区服务诞生于20世纪80年代末90年代初，主要是通过解决社区居民生活服务需求来提高社区居民生活质量。社区商业服务有别于社区福利服务或社区公益性服务，它有独特的社区商业运作机制，从商业服务角度进行考虑。国外社区商业多为购物中心，国内社区商业由社区商家企业构成，这些社区商业企业和个体商家负责提供各类商业服务，如餐饮类服务、家政清洁类服务、维修类服务、医疗康复类服务等。从中也可以看出，国内社区商业服务是在市场组织或个人的推动下，以满足社区成员生活所需为出发点，对社区范围内成员提供带有商业性质的服务，属于商业化属地型服务。简单来说，社区成员需要对所获得的服务预支费用。

随着中国新型城镇化建设的推进，现代住宅地产与商业地产融合发展趋势进一步加强，多数城市形成众多具有现代特色的居民社区。依托城市居民社区而建的现代社区商业更加符合城市社区发展方向，从而呈现大型化、国际化、高端化、人性化、品牌连锁化等特点。在社区商业现代化发展的背景下，社区商业服务概念也相应得到补充和完善，最终形成基于人本化理念的新型社区商业服务。与原有的社区商业服务相比，新型社区商业服务将"以人为本"作为核心理念，注重满足社区居民多元化的生活消费需求，依托信息化条件和产业化规模，实施标准化、连锁化商业服务，改善商业诚信缺失、商业服务种类滞后等问题，为社区居民打造高品质生活。

二、社区商业服务的问题及解决矛盾的举措

优化社会管理可以从解决社区居民服务需求出发，打造规范化、均等化、人性化的服务体系，构建良好的社会秩序。我国社会经济处于经历转型期，从某种意义上来说，创新社会管理为有效解决新问题、适应新变化奠定良好的基础，成为解决社会矛盾问题的新理念或新方法。当前，随着改革开放政策的深入推进，我国社会主义市场经济体制发展日趋成熟，社会主义市场经济也在机遇和挑战并存中向前发展。应该明确的是，社会转型其间不可避免地会产生社会矛盾或利益冲突，特别是在社区服务领域，社区居民对社区公共服务需求的意识在逐渐增强，为切实解决社区居民服务需求、缓解社会矛盾，社区就成为提供社会公共服务的主要载体。社区能够反映社会矛盾积累程度，无论是潜在的社会矛盾，还是已经存在的社会矛盾，都会在社区里沉淀聚积。因此，构建现代社会管理体系，需要重点解决社区商业服务问题，为社区居民提供便利的生活服务。

社区商业服务群体是特定居住区的居民，旨在为居民群体提供多元类型的便捷生活消费服务，重在解决居民群体日常生活消费需求，具有明显的属地商业服务性质。社区商业属于城市商业的组成部分，承担着满足居民综合消费的功能，按照政府统一规划组织，商业组织或个人会在社区层面设立便民化的社区商业服务平台，平时要接受街道社区服务中心的业务指导，并且要接受社区党组织的领导和社区居委会的监督。当前，我国社区商业服务模式仍存在弊端，如管理体制责任主体不明、社区商业服务网点配置不合理等，这也制约着我国社区商业的发展。

(一)社区商业服务存在的问题

1. 社区商业管理主体不明确

我国社区商业服务较为突出的问题，就是社区商业管理主体不明确，出现权责脱节的现象。"在商务部《关于加快我国社区商业发展的指导意见》中，对城市商业网点规划、制订社区商业建设标准、建设社区商业示范等方面作了明确的要求，同时要求各地商务主管部门要积极争取地方政府的支持，成立相应的领导协调机制，充分发挥街道办事处、居委会、物业管理部门和商业企业几个方面的积极性，形成互联互动、协调配合的机制。"[①]

但是，商务部出台的文件内容与实际执行情况存在差异。商务部虽然对社区商业建设等提出明确要求，但是却没有对社区商业设置执行部门和机构。之所以会出现这种情况，主要是因为商务部职能管辖权有限，缺少对地方土地、财力、政策、行政许可等资源的职能管辖。一方面要深入推进城市社区商业发展，另一方面却受限于职能管辖范围，这就会造成权责分工不明确的现象，进而影响城市社区商业推进的实际操作。为此，探究商务主管部门与街道社区服务中心的责任划分，明确社区商业发展的责任主体，成为破解城市社区商业发展难题的关键所在。对于我国社区商业发展来说，落实规划、管理、监督等工作，完善社区商业管理主体职责权限，避免出现"管理主体责任空白"等现象，这是解决社区居民与社区商业服务矛盾关系的主要途径，也是进一步调解社区商业服务商与管理者矛盾的主要途径。

2. 社区商业规划与配置不合理

当前，社区商业规划与配置不合理问题主要表现为社区商业网点规模结构失衡。具体来看，社区商业服务网点区域分布不均衡、数量差异明显，并且缺少现代化特征。已有的统计报告显示，部分城市社区商业网点空间分布不均衡的现象尤为严重，各社区街道商业网点之间缺乏统筹性、协调性，互相合作力度不够。另外，部分老旧社区商业基础配套设施不完善，一些便民社区商业服务网点（如菜店、公共澡堂等）难以满足居民需求。相对来说，新建社区商业服务网点拥有专业健全的基础配套设施，但却未能得到合理使用，从而出现资源浪费等问题。尤其是违章搭建现象，更会严重制约社区商业服务质量的提升。这种混乱不堪的

[①] 娄成武，孙萍. 社区管理学 [M]. 北京：高等教育出版社，2003.

社区商业网点布局,需要通过优化社区商业规划配置来改进,重点解决社区商业服务过程中形成的"散、小、杂、乱"等问题。如果未能及时优化社区商业网点配置,那么就会影响社区居民消费积极心理,加剧社区管理服务难度,引发社区潜在矛盾。

3. 社区商业经营管理体系不完整

社区商业服务群体主要是社区居民,社区商业服务功能以实现便利化、规范化、标准化为核心,在解决社区居民基本生活需求和多种消费意愿的基础之上,增加社区商业服务的商业性质、娱乐性质。目前,我国多数社区商业网点基本实现全覆盖,以便利店、餐饮店、美容店、理发店、果蔬店、生鲜超市等为主,极大满足了社区居民的日常生活需求。尽管如此,但由于未能健全社区商业经营管理体系,部分种类的社区商业网点仍存在服务不规范、不标准等问题,如维修服务店、餐饮服务店等。这类社区商业网点与社区居民日常生活有着紧密联系,如果不能对其进行规范管理,那么就会影响社区居民正常的生活需求。实际上,一些类型的社区商业网点存在的服务不规范、不标准问题,主要反映在卫生方面,如部分社区商业网点服务主体受利益牵制,有时会生产销售假冒伪劣性质的产品,追求暴利,不顾社区居民生命健康安全,严重影响了社区管理秩序。健全社区商业经营管理体系,其实就是对社区商业网点加大监管力度,重点解决监管缺失或执行不当等问题,以维护社区居民正常的消费权益。因此,可以通过建立有效的监督评价体系开展社区管理。

(二)社会商业服务不规范诱发的矛盾特征

社区矛盾形成根源复杂,是多种社区利益冲突长期积聚的结果。随着社区商业服务的发展,社区矛盾主体也由单一化向多元化转变,社区邻里居民间的矛盾成为其中一部分。因此,在市场与社会共同主导的社区商业服务体系中,社区商业服务主体、方式及功能都在发生变化。社区商业服务不规范会诱发一系列矛盾冲突,这些矛盾冲突与社区矛盾相互叠加,促使社区社会矛盾逐渐形成,而在此种背景下,社区矛盾同样会呈现商业化的特征和发展趋势。

1. 社区矛盾商业化

在全面推行社会主义市场经济体制之前,我国社区居民基本生活需求是由集体单位保障的。随着社会主义市场经济体制的确立，我国社区逐渐承担起满足社区居民日常生活需求的服务职能，社会管理和社区管理得到居民广泛认可。同样，在社会主义市场经济体制之前，我国社区服务计划呈现较强的同质化、单一化、简单化的特点，几乎所有社区居民都保持相对均等的生活水平，这就会降低社区服务矛盾问题发生的概率。但是随着社会主义市场经济的发展，社区居民生活水平得到明显改善，社区居民日常生活需求呈多元发展趋势，单一化的社区服务不能再满足社区居民基本的生活需求，这使社区服务方式发生根本改变。在市场因素介入社区服务管理的背景下，不可避免地会产生一系列服务不均衡、不完善、不安全等问题，由此引发诸多社区社会矛盾。同时，涉及公共利益矛盾冲突的主体呈多元并存的格局，这会进一步加剧社区矛盾管理难度。

社区服务方式发生根本改变，主要表现在引入经济服务方式方面。但是，由于社区服务空间范围、职能划分有限，常会引起各种矛盾共同积聚同化，进而呈现社区矛盾商业化、商业矛盾社会化的特点，最终形成各类新型社会矛盾相互交织并存的格局。

2. 商业矛盾社会化

随着消费社会浪潮的推进，社区居民持有的消费生活方式和消费结构发生明显变化，他们迫切希望获得更高质量的服务体验。在解决基本温饱问题后，社区居民越来越注重消费过程，社区商业服务正是在此背景下产生的。社区商业服务对象为社区居民，以追求更高质量、更加便利、更加安全的服务为目标。尽管如此，社区商业服务仍旧存在弊端，如未能形成明确的责任领导主体、服务体系有待进一步改进、商业网点配置需要得到优化等。社区商业服务之所以会出现这些弊端，是因为缺乏相对科学合理的经营管理体系，不能实施全过程服务监督，如对潜在的食品安全及卫生问题进行严格的监督和规范等。在缺乏对社区商业服务有效监督监管的情况下，社区居民就会产生负面或消极情绪，这种由商业矛盾带来的情绪转变，最终会衍生出各种社区或社会矛盾。常见的就是社区商业网点违章经营占道的现象，这会严重影响社区居民的正常出行。另外，个别餐饮类商业网点会制造油烟，排放污染问题同样会对社区居民正常的生活作息产生影响。于是，这种社区商业矛盾会被放大化，形成以社区居民与社区商业网点经营者为主的社会化矛盾。从中可以看出，社区商业服务虽然有效满足了社区居民的多种需求,但却带来了潜在的或显性的矛盾问题,这种错位必然会限制社区商业服务的高质量、规范化发展进程。

(三)解决矛盾的主要举措——社区商业服务标准化

社区商业服务产生问题的根源在于社区服务管理主体,一方面是政府实施的政策法规难以得到有效落实,另一方面是社区商业网点管理主体缺乏有效管理手段。因此,必须建立标准化、规范化的社区商业服务体系。

1. 标准化建设的依据

社区商业服务建设及发展过程会存在各种类型的问题,如社区商业服务规模问题、社区商业服务布局问题、社区商业服务结构问题等。这些问题之所以会存在,主要是因为缺乏标准化的社区商业服务体系。根据商务部《关于加快我国社区商业发展的指导意见》《社区商业全国示范社区评价规范》和国家标准委下发的《关于下达2009年度国家级服务业标准化试点项目的通知》等文件的要求,并在《建设国家级城市公共服务标准化示范区工作方案和实施细则》的指导下,我国社区商业服务建设形成了一套标准化的指导思想,包括工作理念、管理体制、运行机制和服务方式等。

根据已有的社区商业服务发展资料,我国部分社区(以北京市东城社区为例)发展了以"15+10"社区生活服务圈为基础(所谓"15+10",是指保证社区居民能在15分钟内获得10项基本的社区生活需求)的商业服务,综合制订并出台了《社区商业服务标准体系》,先以试点的形式对其进行检验,在得到社区居民广泛认可的情况下,逐步优化社区商业服务体系,完善标准化、规范化建设方案。

2. 社区商业服务标准化的内容

社区商业服务标准化,是指从社区商业服务基本要求、规范提供和服务评价三部分出发,以社区商业服务商为管理对象,通过建立准入、监督、评价、考核、退出等环节,对其进行标准化规范。对社区商业服务标准化内容展开分析,我们发现其主要涵盖三部分:第一,社区商业服务基本要求是针对社区配置的商业网点而言的,要求对商业网点进行统一管理;第二,社区商业服务规范提供,主要是为社区配置商业网点提供规范内容,并对其服务流程和操作进行监督规范管理;第三,社区商业服务评价则是对配置商业网点服务商各个环节开展标准化规范管理，具体包括准入、监督、评价、考核、退出等。建立社区商业服务标准化体系，强化社区商业网点服务商的经营管理意识，提高社区商业网点服务商服务质量，从而为解决社区商业矛盾奠定良好基础。

3. 社区商业服务标准化的作用

社区商业服务标准主要适用于社区商业服务网点，通过明确社区商业管理体制职责，对社区商业服务网点进行规划与配置，为社区商业服务网点制订可供遵循的经营管理制度。解决社区商业服务网点管理不规范和不标准的问题，可以为社区居民提供更加便捷的服务，形成有利于社区居民交往、沟通的社区公共空间场所，进而实现维护社区管理秩序、促进社区和谐发展、化解社区矛盾的功能目标。

（1）明确管理主体的职责

社区商业服务标准化体系成为街道社区服务中心开展服务管理工作的重要依据。在充分依托政府及社会力量的基础上，社区商业服务网点需要遵循街道社区的指导与监督管理。同时，以社区商业服务标准化体系为基础，对社区商业服务网点实施规范化考核，并根据社区管理责任主体规划配置商业网点。另外，社区管理主体可以对辖区内的商业服务网点进行综合调配，整合辖区内商业服务网点资源，构建标准化、规范化和连锁化的社区商业网点辐射网络，为社区居民节省时间成本，形成均等化的社区商业网点服务需求。

（2）规范配置社区商业网点的标准

社区商业服务标准拥有完整的管理体系和操作流程，它是建立在社区商业服务圈的基础上，对辖属范围内的社区进行标准化链条管理，优化管理操作流程规划，对社区商业网点进行源头治理，为社区居民提供优质的消费服务环境。以规范配置社区商业网点标准为出发点，以建立社区商业服务圈为实施途径，可以最大限度地满足社区居民的多元化消费需求，为社区居民节省时间成本，最终改善社区商业服务质量。综合来看，社区商业服务标准具有的均等化特点，让辖属范围内的社区能够共享优质的社区商业服务，而规划配置社区商业网点标准，则是对社区居民购物耗费时间成本的优化。

（3）完善管理制度和评价体系

社区商业网点配置需要遵循社区商业服务标准，重点打造社区商业规划布局，合理优化社区商业标识和设施配置,构建社区商业服务标准化体系。筛选社区商业服务商,从准入、监督、评价、考核、退出等各个环节流程进行监督管理,选择符合社区商业服务标准的服务商,按照奖惩制度定期对社区商业服务商进行考核,决定其是否准入或退出。为确保社区服务商能够提供优质的社区服务,可以要求社区商业服务人员遵循服务规范和服务流程,在社区商业服务标准的规定下实施操作。社区商业服务保障同样依照社区商业服务标准,要为社区商业服务人员提供相应的队伍保障、制度保障和财务保障。构建社区商业服务体系,必须形成完整的运行管理模式,这是实现社区商业服务标准化建设的基础,也是着力解决社区矛盾问题的关键所在。

（4）满足居民差异性、均等化的服务需求

社区商业标准化服务形式重点解决了差异性、均等化服务需求,成为预防和化解社区居民矛盾的保障。以往社区居民消费和享受服务会受空间区隔的困扰,进一步加剧了消费和服务不公的矛盾问题,容易引发社区居民负面情绪,严重影响城市居民与所在社区的关系。在构建社区商业标准化服务体系之后,社区居民可以从公共服务空间中获取更为均等化的需求,社区商业服务从单一化向差异化、多元化方向转变,社区居民能够得到最基本的生活服务,社区的向心力和凝聚力也就相应增强。因此,规范标准的社区商业服务方式是促进社区关系和谐的关键。

（5）建构社区居民的交往平台,拓展了交往空间

在传统地缘关系的基础上,社区居民交往空间受到限制。在现代化社会发展进程中,社区居民交往空间虽然得到了延伸,但社区居民之间的关系却日渐淡化。尽管如此,社区居民之间开展沟通与交流活动,仍是组建社会关系网络的重要环节。社区住宅楼层空间结构会相应压缩社区居民互动空间,不利于形成社会交流的公共空间,社区商业是社区居民开展公共生活交流的主要渠道,它在为社区居民提供日常生活消费服务的同时,也构建了社区居民交往的平台,各种社区商业如零售店、美容美发店、餐饮店等,有效拓展了社区居民精神交往空间。均等化、人性化的社区商业服务,在促进社区服务和交流场域形成的同时,也为社区居民带来了更加便捷的交通沟通方式,通过丰富的社区活动内容和延伸的生活空间,拉近了社区居民之间的距离与关系。

（6）规范了为特殊人群服务的方式

社区商业服务标准化建设成为优化社区商业服务质量的依据。除为社区消费群体提供规划服务之外，社区商业服务还会重点关注社区特殊人群，主要以社区老年人、残疾人为主，通过完善社区商业服务方式，解决社区特殊人群的基本生活需求。一般性的社区商业服务内容包括完善生活服务设施、开展入户上门帮扶（如维修服务、送餐服务）等。一些社区还会开展特色化的便民服务项目，如"社区老年饭桌"等，这也为社区特殊人群带来了充满人性化的关怀体验，从而可以创建相对健康、安全、舒适的服务环境，以优质的、规范的、标准化的社区商业服务，赢得社区居民认可。

构建社区商业服务标准、规范社区商业服务行为、创造社区商业服务环境，是在充分展现社区人性化商业服务的基础上进行的，为社区居民基本生活提供标准化、规范化和便利化服务。基本均等化的社区商业服务，要求构建公平公正的社区商业服务意识，以优质的社区商业服务水准，提高社区与居民之间的情感联系程度，解决社区居民因服务不均等产生的负面情绪，从而建构稳定和谐的社区生活环境。社区商业服务属于社区管理的一部分，过于强硬的社区管理手段往往会遭到社区居民的抵制，而采取柔性的社区管理，会相应改善社区商业服务质量，化解社区矛盾问题。

三、建构新型社区商业服务体系的经验借鉴与路径选择

（一）经验借鉴

我国社区商业服务发展历史相对较短，缺乏丰富的社区商业服务经验，特色鲜明的社区商业服务体系尚未构建起来。因此，有必要积极借鉴国外发达国家社区商业服务模式，为我国构建新型社区商业服务体系奠定良好基础。

1. 英国的人民超市

早些年间，受经济持续低迷的影响，在生活物资被大型企业集团所垄断的情形下，英国超级市场基本生活物资出现全面涨价的现象，社区居民正常的生产生活面临困境。为解决社区居民生产生活问题，以"由人民拥有，为人民服务"的人民超市开始出现，英国人民超市具有合作社经营模式特点，主要销售食品类产

品，面向社区居民消费群体开展商业服务。社区会员负责对人民超市进行内部管理，保证所出售的本土季节性产品符合社区居民正常购买力，真正实现社区商业服务的均等化。另外，英国人民超市实行长期低价经营策略，力求做到社区商业服务人性化。

总体来看，英国人民超市商品服务价格低于超级市场，是真正服务于社区居民的"社区型"超市，这为其赢得了良好的社区声誉，由此实现了长期稳定性的商业收益，英国人民超市在英国各大城市得到推广，并实现持续性的发展。

2. 新加坡的邻里中心

新加坡邻里中心由各种设施设备和商店组合而成，是在政府推行城市规划建设基础上产生的，主要面向社区居民提供日常生活服务，具有商业服务的特征。1991年，新加坡政府决定建设新邻里中心，在原有邻里中心空间结构规模的基础上实施改造，以独立式建筑格局为主，进一步优化租户生活质量。邻里中心内部结构会经过周密规划，如组屋比例、内部功能、商店组合及商品档次等。邻里中心包含相应规模数量的商店、饭馆、超级市场、菜市场，这些场所设施承担着诊治医疗、幼儿教育、日常护理、文化休闲和学习等功能，旨在构建全面化的社区居民生活服务体系。由此可知，新加坡邻里中心不仅能为社区居民提供多元化的生活服务，而且还能构建具有特色文化气息的社区氛围，为社区居民带来归属感。随着邻里中心的规模化发展，邻里中心逐渐获得稳定的商业目标群体，成为新加坡第三产业获得经济效益的基础动力。

3. 日本的社区便利店

日本社区便利店数量规模位居世界前列，虽然日本社区便利店的商业价格普遍高于一般型超市，但是依然能够成为日本社区居民生活消费的首选，其主要原因具体有以下3点。

（1）便利性

遍布日本全国各地的店铺网络和全天候服务带来的方便性是便利店大受欢迎的基本原因，如日本便利店的设点相当密集，几乎每两三个街口就有一家便利店。同时，日本便利店几乎都实行24小时营业，极大方便了社区居民生活。在店内物品的布置陈列上，便利店内的置物柜是根据人体工程学的原理安排的，消费者一进到店里，其视觉注目效果最佳且拿取最方便。

（2）经营内容丰富

日本便利店的经营模式是多元化的，如便利店不仅卖食品、日用品等传统便利项目，而且还能预售季节性商品等，还有各种缴费服务和代收费业务，包括快递邮件的收取服务。这些经营内容来源于居民日常生活需求，使日本便利店真正成为社区居民认可的综合式居家生活便利中心。

（3）人性化

人性化是日本社区便利店的价值所在。社区便利店对社区居民的人性化关怀，会使居民感到社区生活的便利和温暖，从而提高居民社区幸福感，如在日本的社区便利店里一般都设有洗手间免费，提供给居民使用，卫生间极其干净且配套齐全。日本许多靠近公路或高速路口的便利店里都有地图和各种当地资料免费提供给外来人员，同时还有免费茶水可供饮用。对于社区居民来说，只要有需要，就可以免费使用店内设施。在日本的某些地区，社区便利店自觉维护社区治安，保护社区安全。

综上所述，可从以下四个方面辩证地总结其经验。

第一，建构社区商业服务体系应充分体现"以人为本"的宗旨。例如英国的人民超市成功的原因在于其运营宗旨是激活居民潜在需求，将最佳的价值提供给他们，同时不忘为他们带来收益。其运行模式充分体现了合作、公平、优质的人性化特点。而日本的社区便利店，更是充分关照人的全面需求，不仅满足社区居民日常生活的需求，而且对居民的人身安全、子女教育、老人看护等均提供了细致的服务内容。

第二，建构新型社区商业服务体系应科学规划，实现环境质量与便民利民的统一。例如新加坡的邻里中心，邻里中心社区商业模式的成功与政府前期的科学规划密不可分。在规划上，首先对计划建设的邻里中心在服务范围、服务对象、服务设施等内容上都进行评估测算和精确定位，同时，把该片区域的所有商用产业和服务设施都集中在邻里中心统一建设。这种精准的规划既节省了后期维护和改造费用，同时也充分尊重了当地居民的意愿，满足他们的需求。

第三，新型社区商业服务体系内容应包括各种社会公益和生活配套服务。立足社区、关注社区是新型社区商业应有之义。社区商业服务虽具有一定的营利性，但在注重商业行为、以市场效益为目的的同时，也应适时关注社区民生，将市场经营与社区建设紧密联系起来,关注社区商业服务的社会性,做到社会效益与经济效益兼顾并收。例如英国的人民超市为社区居民提供优质低廉的商品。又如新加坡邻里中心建设的实践具有鲜明的特色,邻里中心围绕"邻里关系""家庭理念"开展活动,为社区居民提供包括衣食住行、休闲娱乐、福利性照顾等全方位的社区服务;邻里中心提供的公共活动空间,对当地社区文化的营造和社区自助互助精神的培养都具有积极作用。

第四,建构新型社区商业服务体系应重视专业化队伍的建设。专业化队伍的建设可以使社区商业服务更加科学化、规范化,新型社区商业不再是小作坊、小铺子,而是第三产业的重要组成部分,是就业与创业有效结合、扩大内需与发展服务业结合、社会建设与城镇化内涵深化结合的载体,从而提升新型社区商业在第三产业中的地位。国外社区商业服务模式均建立在专业化基础之上,如新加坡邻里中心作为集中建设的"购物中心",其规模化、连锁性、专业化程度高于一般小型便利店;而日本便利店的商品种类繁多、货品陈列科学、服务项目细致,因此对进货、销售、售后等环节的从业人员要求都比较高。

(二)路径选择

社区商业服务能够发挥良好作用,但我国社区商业服务在发展过程中仍存在部分问题,集中表现在"三高与三低"的矛盾方面。这种矛盾也会增加传统社区商业服务的供给难度,导致社区居民难以维持物质需求与精神需求之间的平衡。所谓"三高",是指伴随着城镇化水平的快速发展,城市社区聚落形态渐趋成熟,部分社区聚落形态甚至已经达到高度成熟的都市化水平,中高档社区居民开始追求高品质生活服务,享受高速发展的信息化技术带来的便利。所谓"三低",是指社区商业服务者服务意识低、社区商业服务经营能力低、社区商业服务品质低。因此,传统社区商业服务必然要选择转型升级路径。

1. 走产业化的发展道路,提升社区商业的组织化程度和商业层次

发展新型社区商业需要依托产业化建设,打造具有产业集群效应的社区商业服务规模,以推动社区商业吸收多种投资主体为基础,走社会化和市场化道路,完善社区商业产业组织和商业层次,提升社区商业市场化运作能力。实现社区商业产业化建设,把握市场资源配置特征,构建社区商业品牌,优化社区商业服务品质。

在社区商业产业化发展过程中,政府部门能否出台政策措施或激励制度就显

得尤为重要。政府激励性政策是大型商业集团社区商业的基础保障,特别是有关税收减免方面的政策,可以有效引导开发企业与社区基层组织实现对接,顺利推进大型商业集团入驻社区。因此,政府发挥引导、激励功能是社区商业产业化前期规划工作的重点。另外,建立社区商业供应链渠道,同样可以提高社区商业产业化水平,以完善社区商业连锁配送模式为基础,及时为社区居民配送消费所需的商品,同时解决多个社区的商业配送需求,实现对社区商业的统一管理,科学规划社区商业配送时间,以优质的商品服务赢得社区居民认可,这样不仅可以有效节约社区商业配送成本,而且还可以实现规模效应。

2. 走信息化的发展道路,着力提高新型社区商业发展水平

社区居民消费需求类型多元化,是社区商业服务信息化快速发展的基础动力。而随着全球经济一体化的深入推进,在科学技术条件的支撑下,商品市场信息化水平渐趋成熟,这为社区商业服务信息化快速发展构建了良好的环境条件。社区商业服务信息化,可以快速把握社区居民多元化的消费需求,为社区居民创建优质的商品服务环境。社区综合服务平台就是社区商业服务信息化发展的产物,通过搭建城市末端物流体系、构建电子商务数据库,及时向社区便利店供应商品,使之更加贴近消费者。

当前,社区商店处于供应链的底端,货物采购成本较大会增加社区商店经营的不可预测性,采购方与供应商之间的供应关系失衡,最终会造成社区商业资源消耗成本加大。搭建社区商业信息化平台,从互联网端、移动终端、呼叫中心到电子信息屏,打通社区居民消费需求渠道,建立从需求到供应快捷联系的高效通路,这是实现社区商业信息化的根本保证。在满足社区居民消费需求体验的基础上,完善社区商业产业链统筹运营的服务模式,增加上下游、线上线下通力合作的能力,为社区居民提供多层次、多类型、高效的信息化服务。构建面向社区便利店的连锁化信息平台,培训社区商业服务人员的经营能力、管理能力、服务能力,系统整合社区商业资源,综合运用人力培训、物流和金融等资源,打造高效便捷的连锁化服务。根据国务院关于金融支持社区服务业发展的意见,银行等信贷机构可以优化政策制度供给机制,重点解决社区商业融资问题,通过信贷倾斜为社区企业提供信用贷款等服务,以小微金融服务的手段破解社区商业发展资金不足的困境。

3. 走标准化发展之路，为社区居民提供规范化、均等化和人性化的社区商业服务

针对社区商业服务存在"次、粗、乱"的缺陷，需要构建社区商业服务标准化体系，走标准化发展之路。之所以会出现社区商业产品和服务档次低的问题，主要是由于社区商业经营管理能力弱，受采购资金困扰无法获得高品质产品。另外，市场化浪潮严重冲击了社区商业服务者的思维意识，在市场利益驱动的影响下，部分社区商业服务者开始寻求利益最大化，降低社区商业产品档次和服务质量，产生"以次充好、以假冒真"的局面，最终影响社区商业服务信誉。同样，在社区商业服务环境无法优化的情况下，会影响社区商业服务转型升级。

基于此，构建社区商业服务标准化体系就显得尤为重要。从统一配置管理社区商业网点开始，对社区商业网点服务流程和操作规范进行标准化培训指导，要求服务场地、服务人员、设施设备、服务业务、环境卫生及消防安全等各环节，必须符合社区商业服务标准规范。通过建立准入、监督、评价、考核、退出等规范制度，着力提升社区商业网点服务人员的经营管理意识，体现均等化、人性化服务特点。

4. 走个性化发展之路，构建适度可持续发展的现代社区商业模式

具有中国特色的社区商业发展道路，必须考虑我国城市化发展水平的区域差异，分析区域经济发展水平对社区商业的影响，从社区规模大小、社区居民消费水平及消费习惯等方面进行研究，探索适度可持续的社区商业发展道路，体现个性化特点。基于对现代社区商业模式构建的研究，中国人民大学休闲经济研究中心王琪延教授提出"沿街式""组团式""多点式"三种概念，这是对社区常住人口消费需求和社区结构的有力论证。在他看来，"沿街式"集中体现了传统社区商业模式特征，沿街而设立的社区商业，如超市、便利店、维修点和餐馆等，主要面向规模较小、收入水平不高的社区工薪阶层。"组团式""多点式"社区商业模式则优于"沿街式"，这两种模式下的社区商业主要是用于满足社区居民中高档消费需求，面向规模较大且拥有中高消费水平的社区。"组团式"社区商业以大型商场为主体，社区购物中心可以满足社区居民多种消费需求。随着我国新建住宅区的增加，以及我国城镇居民消费能力的提升，我国应着力构建"组团式"社区商业模式，通过打造社区购物中心，将各种新型商业形态进行融合，为社区

居民提供集超市、专卖店、餐饮和休闲娱乐等于一体的特色服务，形成便捷化、多元化的消费空间，节省社区居民成本，这也是推动我国社区商业转型升级的必由之路。

第三节 社区治理中的社会工作方法

一、社会工作方法之个案工作方法

个案工作，即社会个案工作，是从英文 social case work 翻译过来的。个案工作是社会工作传统的三大方法中形成最早的方法，也是其他方法的基础，它以个人和家庭为服务对象，通过直接的、面对面的沟通来提供服务。本节主要介绍个案工作的定义、主要模式及具体运用等。

（一）个案工作的定义

自从社会工作作为一项助人的专业在英美产生之后，许多个案工作的专家和学者都尝试从不同角度界定个案工作，这里仅介绍几个有代表性的定义。

社会工作的先驱玛丽·芮奇蒙（Mary Richmond）1922年在她的《什么是社会个案工作》一书中提出，个案工作包含一连串的工作过程，以个人为着手点，通过对个人及其所处的环境进行有效的调整，以促进其人格的成长。

美国社会工作者协会1965年出版的《社会工作百科全书》对个案工作界定为："个案工作所注重的不是社会问题本身，而是'个案'，尤其注重为社会问题所困无法与社会环境或关系圆满适应的个体或家庭。个案工作的目的在于帮助人与人或人与环境的适应遭遇困难的个人及家庭，恢复、加强或改造其社会功能。"

1994年5月出版的《中国社会工作百科全书》在研究总结既有定义的基础上，对个案工作做了如下概括："社会个案工作是社会工作中的一种基本方法，单以个别方式，对感受困难、生活失调的个人或家庭（案主）提供物质帮助、精神支持等方面的服务，以解决他们的问题，增强其社会适应能力。"

综合上述看法，我们可以这样界定个案工作：个案工作是由专业社会工作者运用有关人与社会的专业知识和技巧为个人和家庭提供物质或情感方面的支持与服务，目的在于帮助个人和家庭减轻压力、解决问题，达到个人和社会的良好福利状态。在个案工作中，工作者在与案主彼此信任合作的和谐关系中，充分调动案主本身的潜能与积极性，共同探讨、研究案主的问题、家庭及社会环境，运用案主本身及外部资源，增强案主解决问题的能力，达到帮助案主成长的目的。

（二）个案工作的主要模式

1. "社会—心理"治疗模式

"社会—心理"治疗模式是兼顾个人成长过程中的生理、心理和社会方面的因素及三个方面因素相互作用的一种治疗模式。这种治疗模式用系统理论说明人有共同的心理世界，人又是他生活的环境的一部分。人内部心理和外部环境的互动，产生了人的特定行为和思想特征。这一治疗模式的主要目标在于增强案主的内在心理平衡能力和外在社会适应能力。治疗目标针对案主本身心理状况的称为"直接治疗"，针对案主社会环境的则称为"间接治疗"。

（1）理论背景

"社会—心理"治疗模式起源于20世纪二三十年代，玛丽·芮奇蒙的《社会诊断》一书尝试将治疗分成"直接治疗和间接治疗"，后来发展为诊断学派。40年代，汉密尔顿出版了《个案工作的基本概念》，对心理和社会治疗的个案工作理论分析模式进行了整理。60年代，霍丽斯出版的《个案工作——一种心理与社会治疗》一书则使"社会—心理"治疗模式成为当时个案工作的主流。她认为，个人社会生活功能的丧失或不良是由求助者的内在和外在的因素共同导致的。目前所使用的"社会—心理"治疗模式的基本概念主要来自霍丽斯的总结。

"社会—心理"治疗模式具有较强的开放性，在其发展过程中受到了其他各种理论的影响，例如，心理学的精神分析理论、自我心理学和学习理论、社会学的角色理论和互动理论、人类学的家庭理论及系统理论等。"社会—心理"治疗模式将这些理论汇集起来，形成了独特的理论分析模式。

（2）工作内容

①协助案主认清其所处的情境和本身的感受，并引导案主把感受表达出来。

②促使案主了解其所处境遇的真实状况。

③了解影响案主性格的动态因素。

④了解案主年幼时的情感生活经验，以及对其目前和未来产生的影响。

⑤给案主及时提供直接的建议和劝告，使其能妥善处理生活中的问题。

⑥使案主领受到工作者对他的关心、支持和帮助。

（3）工作步骤及技术

"社会—心理"治疗模式的工作流程可以概括为三步，即研究、诊断和治疗。

①研究。"社会—心理"治疗模式的研究过程从工作者与求助者的第一次接触开始，一直延续到整个辅导工作的结束。在与求助者的人际交往中，工作者需要把求助者引入产生问题的特定的情境中，从求助者具体的人际互动、童年时期的经历中收集、了解有关求助者的资料，并将这些资料综合起来，揭示求助者心理困扰和人际关系失调的原因所在。另外，让求助者了解自己所处的实际状况也是十分重要的，尤其需要让求助者发现其自我形象与他人的实际评价之间的差距，这可以增强求助者改变自身状况的需求。

②诊断。诊断是指整理和分析求助者的有关资料，并对其问题的性质、产生的原因以及发展做出评估和推理的过程。在对求助者的心理困扰和人际关系失调做出诊断时，工作者需要注意以下三个方面的问题：第一，工作者在诊断时需要联系求助者意识层面上的和无意识层面上的各种冲突，以便把握求助者问题产生的原因；第二，工作者在诊断时需要把求助者的主观感受和自我形象，与实际的客观状况和他人的评价联系起来，以便揭示求助者的自我强度、自我防卫机制和知觉力等方面的问题；第三，工作者在诊断时应避免只局限于对求助者的问题进行考察，还应了解求助者的各种潜能，以便利用求助者的自身资源解决其所面临的困境。

③治疗。治疗是指对求助者的心理困扰和人际关系失调各方面因素进行修正、帮助和调整，以便使求助者有效适应外部环境，克服各种内心困扰，充分利用自身的潜能健康地发展。"社会—心理"治疗模式的治疗范围一般涉及以下五个方面：第一，减轻求助者的焦虑和不安；第二，减轻求助者的系统功能失调；第三，增强求助者的自我适应功能；第四，开发求助者的潜能，增强求助者的自我实现需要；第五，调整求助者的人际关系，改善求助者的社会生活环境。

2. 危机介入模式

危机是个人或群体在正常社会生活中产生的严重扰乱事故，使其处于预料不到的困境，产生原有能力无法克服的问题。危机介入是对处于危机状态下的个人、家庭提供短期治疗或调适的过程。危机介入模式的主要目标在于增强个人应对问题的能力，使之比危机前更强，并能预防类似危机的发生。

（1）理论背景

危机的概念最早是由林德曼（Lindemann）和卡普兰（Caplan）在20世纪四五十年代提出来的。此后，雷波特（Rayport）和巴瑞（Barry）等对危机介入理论进行了推广，使该方法普遍应用于助人专业上。雷波特在20世纪60年代首先将危机介入理论运用于社会工作实务，20世纪80年代后以危机介入为主的短期干预工作模式已普遍融入社会工作实务中。危机介入模式以短期干预为导向，协助危机状态中的个人，为其提供快速及短暂调适的专业服务。

（2）工作内容

①评估案主的主要问题。工作者需要将自己的注意力集中在案主最近的生活状况上，帮助案主整理自己的想法和感受。工作者还需要对案主采取破坏行为的可能性和危险程度进行评估，以便给予及时的介入和治疗。

②稳定案主的情绪，与其建立相互信任的合作关系。

③协助案主解决当前问题。协助案主分析危机产生的原因，并制订以解决当前问题为主要目标的介入计划。

④协助案主为未来制订计划。

（3）介入步骤及技术

①开始阶段。开始阶段的工作目标主要是与案主建立牢固的专业关系，以取得案主的信任。第一次会谈时要搜集案主的基本资料，并将会谈集中在正在经历的危机事件上。工作者可以带领案主进入危机事件情境中，帮助其厘清感受。这时要搞清楚最大的问题是什么，找出是什么原因引发了问题。当案主的思路厘清时，可以通过布置任务让他感觉自己有做决定的能力，帮助他重建信心。

②中间阶段。工作者要进一步搜集资料，扩大对案主的认识。例如，可以把现在发生的事情与案主过去的生活经历相联系，指出前后的因果关系，以帮助案主修正对问题的认识。然后，工作者可以协助案主思考什么样的办法对解决问题有效。这时工作者可以给案主布置作业，促使他改变思考方式，换个角度看问题，从而改变其感觉和行动。

③结束阶段。在危机介入的最后阶段，回顾一下开始时双方协议要做的事执行得如何，达到了什么目标。这时可以提醒案主结束工作关系的时候到了，与案主一起回顾已取得的进步，了解案主对今后生活的想法。

3. 任务中心模式

任务中心模式强调先确定目标问题，再分析并诊断问题的原因，然后确定受助者的任务并明确任务完成的期限。此法具有短期个案工作的特征，适用于八类问题：人际冲突、不满意的社会关系、正式组织中的问题、角色困难、社会转型中的问题、情绪问题、资源不足问题和行为问题。其目标是协助案主解决其所关心的问题，给予案主良好的问题解决经验，提高案主处理未来困难的能力。

（1）理论背景

波尔曼（Polman）在20世纪50年代就力图通过将焦点集中在问题解决过程而把个案工作的理论与实务统一起来。选择和完成任务是人们应对生活问题的重要部分，个人有解决问题的潜能，工作者可通过专业服务过程提高受助者解决问题的能力。1972年雷德（Reid）和艾普斯坦（Epatein）在他们的合著《任务中心个案社会工作》中发展了波尔曼的理论，明确提出了任务中心介入模式，即在有限的时间内，将工作集中在由案主选择的、有限的、可达到的目标上，从而提高个案工作的效果和效率。这一模式兼收并蓄，它尝试从心理社会治疗法中借鉴诊断的知识技巧，从功能模式中借用有限时间的方式，从问题解决模式中借用问题为本的取向，从系统理论中借用部分—整体关系的理论，从角色理论中借用社会互动的概念，从学习理论中借用社会行为的原则等。

（2）工作内容

①协助案主厘清问题，给予清楚的定义。

②拟定契约，达成双方的共识，作为工作过程的导引。

③具体分析问题，减少案主在执行过程中的阻力。

④帮助案主选择任务，予以承诺，同时激发案主动机。

⑤与案主回顾工作过程，给予回馈，作为案主发展新任务的参考。

⑥当资源匮乏时，工作员可作为案主的支援系统。

⑦协助案主决定需求，并修改为有助问题解决的行动和信念。

⑧评估任务完成效果，个案追踪。

（3）工作步骤与方法

①开始接触、探索和协议阶段。社会工作者首先要鼓励案主表述自己的问题，鼓励案主宣泄感情。这时工作者要给予及时的帮助，帮案主确定一些小的、可达到的目标。工作者要向案主解释"任务中心"模式，如时间限制、优先要考虑的问题、需要介入的人（如家庭成员等），要帮助案主定义问题，与案主决定"目标问题"。可以选择三个优先考虑的问题，由案主排次序，确定问题的性质，与案主讨论制订任务协议。

②阐述目标及要完成的任务。如果"目标问题"是经过慎重选出的，就缩短任务选择阶段。要让案主自己思考任务及可能的效果，工作者则要提供问题解决的手段，并支持案主履行任务。

③结束阶段。在任务快要结束（大约在最后两三次会谈）时，工作者应该与案主讨论结束后的可能效果。这时要与案主一起回顾重要的进步并给予鼓励，帮案主确定进一步工作的领域。如果案主觉得需要更多时间并表现出完成任务的意愿，可以适当延长时限。

4. 行为治疗模式

行为治疗模式由行为主义理论发展而来，行为治疗在于考虑与处理个人失调行为本身，而不关注行为发生的前因后果，也不注意其隐蔽性情绪的作用。它借鉴了心理学中的学习法则，认为对外来刺激的反应行为是经过学习而来的，工作者想去除案主不适当的行为，须给案主一个"再学习"的机会。

（1）理论背景

行为治疗模式的理论发展大致可以分为三个阶段。

20世纪初心理学家巴甫洛夫总结出人类行为的部分获得机制，称为"反射性条件作用"。1913年心理学家约翰·华生（John Watson）发表了著名的论文《行为主义者心目中的心理学》，主张用条件作用解释人类的各种复杂行为。到20世纪30年代，心理学家博尔赫斯·斯金纳（Burrhus Skinner）发现了操作性条件作用，通过一系列研究把操作性条件作用运用到人类生活的各个方面，这对运用行为心理学的原理治疗不适应行为起到了积极的推动作用。此后，心理学家克拉克·赫尔（Clark Hull）及其弟子多拉德（Dollard）和米勒（Miller）对巴甫洛夫的条件作用进行了系统的研究，探讨了条件作用的各种学习方式，这为行为治疗理论的发展奠定了基础。20世纪50年代以后一些心理学家开始把行为心理学的原理运用到临床治疗中,美国心理学家沃尔普(Wolpe)在交互抑制原理基础上创造出系统脱敏法,这种方法成为重要的行为治疗技术之一。到了20世纪70年代,社会心理学家阿尔伯特·班杜拉(Albert Bandura)创立了社会学习理论,他强调人的认知在行为学习中的重要性,提出观察学习的方式。以班杜拉的社会学习理论为基础,经过一些心理学家的共同努力,逐渐形成了认知行为治疗法。

(2)工作内容

①明确列出案主主要问题与焦点行为。

②受助者与工作者达成一致协议,选择需要立即处理的问题行为。

③将问题明细化,详细讨论特定问题、制作问题行为的基线,记录问题行为发生的频率、属性和时间的持续性。

④确定问题行为可能控制的情境,评估环境中可利用的资源。

⑤确定行为修正的目标,设定行为修正计划。

⑥执行治疗计划。

⑦评估治疗结果并详细记录。

⑧维持行为修正后的效果,执行后续计划。

(3)治疗技术

①正强化。当一个期望行为出现时立即给予奖赏,以增加此行为出现的频率,从而模塑良好行为。

②负强化。当问题行为出现时即给予惩罚,以消除不良行为。

③角色扮演。在工作者的指导下练习和不断重复期望行为,以消除问题行为。

④榜样。工作者作为一个榜样,让案主学习正确的行为模式。

5. 叙事治疗模式

叙事治疗也称叙说治疗,是目前盛行的后现代主义个案工作的模式之一。与以往的工作模式相比,叙事治疗不仅是一套治疗"工具"或"技术",其更重要的作用是令工作者和案主反思,调整对生命的态度,明确生命的抉择,重写生命故事。叙事是讲故事,而一个故事包含开始、主体和结尾等基本结构,对其的叙述有时间次序、因果次序和主题次序,并且需要对故事进行总结、归纳,这反映出作者的主观理解。案主对自己的经验充满困惑,是因为他在故事化或被他人故事化亲身体验的重要方面与主导故事是相矛盾的。而未充分代表亲身体验的，或与亲身体验相矛盾的故事，是个人为了配合主导文化关于人和关系的阐述而主动编写的。所以治疗过程就是工作者和案主一起辨识和编写另外的、对案主更有意义的故事的过程，这一过程将人们从压抑的文化假设中解放出来，成为自己生活的主宰。

叙事治疗模式以日常对话为基础，从多向价值视角出发，重新审视个案辅导过程以及由此带来的在辅导关系和辅导技巧上的一些变化。它通过"故事叙说""外化"和"解构"，使人变得更自主、更有动力。

（1）理论背景

①后现代主义思想。叙事治疗的基本理论是在颠覆传统实证主义的科学观和知识观的基础上发展起来的。实证论强调客观性的事实和可复制的法则，忽视了每个人独特和有限性的意义。这种"世界观"下的传统个案工作抹杀了人的主观能动性。后现代主义反对实证论的观点，关注"现实"对人的意义，认为一切理论都离不开特定的历史脉络和价值系统。后现代主义者的兴趣是要找出例外，而非通则；他们志在探究细节的来龙去脉，而不在概括规律；他们注意差异，而非相似之处。正是在这个意义上，他们关注语言和个人的诠释；强调语言不是中性的，而是带有强烈价值取向的；指出权力通过对语言的控制制造现实和真理，从而限制了人们认识世界的方式。现实是社会建构出来的；现实是经由语言构成的；现实是借助叙述组成并得以维持的；没有绝对的真理。

②社会建构主义。叙事治疗以社会建构主义作为其哲学基础。社会建构论认为，"现实"并不是存在于意识之外的世界，而是观察者的精神产品，是一种社会建构。这种"建构"的现实也不完全是个人的产品，而是深受其所处的语言系统影响。所以，人绝不是完全自主的，而是高度可塑的。由此社会建构主义认为，不存在必然的、绝对的客观真理，人们拥有的只是个人观点和这些观点指导下的行为。建构主义关注语言在人们的社会建构中所发挥的特殊作用，认为所谓的客观现实其实是人们通过语言建构出来的精神产物。

（2）工作内容

①倾听和了解案主的故事。

②以叙事的方式协助案主定义他们的挑战。

③共同致力于寻求意义。

④提升案主对权力和宰制关系的认知度。

⑤帮助案主外化他们的挑战和议题。

⑥帮助案主重构具有能力和优势的个人故事。

⑦确认案主具有重构其生活故事和建构替代性叙事的特权。

⑧与案主分享自己的故事。

（3）治疗步骤

叙事治疗模式的治疗步骤分为7步。

①与案主或家庭一起对于困扰问题做出彼此认同的界定。

②将问题拟人化，并找出压迫案主的意图和方式。

③探讨问题是怎样干扰、支配案主或使案主失去信心的。

④发现在哪些时候案主并未受问题的支配，或生活并未受到干扰。

⑤找出过去的证据，以此来证明案主和家庭有足够的能力站起来，应付和解决面临的问题和困扰。

⑥引导案主和家庭思考在上述能力之下，未来将要过怎样的生活。

⑦找一群观众来听取案主表达新的认同感和故事。

（4）治疗技术

①倾听。倾听技巧强调社会工作者自身角色的转换，它体现了社会工作者对案主叙事的关注。通过倾听工作者可以发现案主在以往叙事过程中出现的问题，与案主共同构建新的适合案主成长的叙事环境。

②外化。问题的外化能够帮助案主摆脱问题困扰，减轻自身的问题责任感，去除问题标签化的恶劣影响，提升案主的自信心和建构新叙事的动力。

③寻找独特的结果。寻找独特的结果是社会工作者与案主共同建构新叙事的起点与突破口，因为发生在案主身上的独特结果源自案主本身，这也使得案主相信自己能够发生变化。

④治疗文件。承诺书、奖励证书、信件等形式的治疗文件能够帮助案主正确认识自己在建构新叙事过程中的角色，在案主出现可喜变化时，要给案主及时的鼓励。

(三)个案工作的具体运用

个案工作的主要形式有会谈、访视与记录等,每种工作形式都有其独特的目标、方法、程序、原则与技巧。为使个案工作达到理想的境界,社会工作者必须透彻理解并熟练运用这些工作方法。

1. 会谈

会谈是个案工作的主要工作形式,贯穿个案工作的全过程。工作者通过会谈了解案主的情况、需要,并通过会谈协助案主处理其困难、问题。

(1)会谈的特点与形式

会谈与一般交谈之间有共同之处,但也有很大的区别,主要表现在以下5个方面。

①会谈内容是根据会谈目的确定的,与会谈目的无关的问题应进行排除。

②会谈过程中工作者与案主的角色与职责有明确的区分,工作者有推动会谈程序的责任,有向案主提供服务的必要,而案主对工作者并无此义务。

③在会谈中工作者的提问与应对是经过详细计划、深思熟虑后形成的。

④会谈时间的确定、地点的选择及时间的长短等都要经过正式安排(紧急情况除外)。

⑤会谈不是娱乐性活动,不愉快的感受不应加以避免。

会谈的形式有传统的个别会谈(一个人与另一人以面对面的方式相互交谈)、家庭会谈、夫妻联合会谈与团体会谈等。

(2)会谈的阶段

会谈一般包括开始、发展及结束三个阶段,不同的阶段有不同的内容和目标。

①开始阶段。此阶段的目的是使社会工作者与案主彼此认识,共同确定会谈的内容。工作者在会谈开始之前应做好会谈的环境和心理准备。当案主踏入会谈室时,工作者应创造温和与舒适的气氛,减轻案主因寻求协助产生的不安感觉;应热情主动地与案主接近,如进行简短的社交谈话等。当一切就绪后,工作者以开场白作为正式会谈开始的信号,开场白宜使用启发式的语句,如"你想要谈些什么""我们从哪里开始谈起呢"等,鼓励案主说出求助的目的。如果不是第一次会谈,工作者不妨以"事情怎么样""自上次见面之后情况如何""今天你想谈

些什么"等作为开场白。开始阶段的会谈内容涉及一般性的问题，以不激起案主太多的情绪反应为宜。

②发展阶段。这个阶段是会谈的主要部分。会谈的各种活动是针对会谈目的设计的，工作者必须把他与案主之间的互动朝着会谈目的推进。同时，要设法维持舒适满意的氛围，建立并发展良好的关系。

③结束阶段。通常在会谈之初，工作者应很明确地告诉案主会谈时间的长短（以45～50分钟为宜）。在会谈结束前10分钟左右，工作者开始做结束前的准备。在此阶段，工作者应有意识地协助案主从强烈的情绪中摆脱出来，恢复平静的心境。在结束会谈时，工作者还须为下一次会谈做准备，包括约定下次会谈的时间、地点等。

2. 访视

访视就是工作者进行实地观察，以了解情况。案主会谈所提供的资料有时会因案主的片面表达而失去真实性，因此，个案工作者应当进行实地访视，用专业眼光进行观察和判断，获得更客观、更全面的资料，以补充和修正案主提供资料的不足与偏差。访视的地点要根据个案工作的实际需要决定，一般是案主的家庭，还有学校、工作单位等。

为了使访视能够有效进行，必须注意下列事项。

（1）明确访视目标

在访视前先要确定具体的访视目标，要明确到底想观察什么、了解什么，这样才不至于使访视盲目而无的放矢，浪费时间和精力。

（2）做好访视准备

工作者须先了解与案主有关的资料，为访视做充分的准备。为了寻找方便，工作者应先记下案主的姓名、地址、联系电话、交通路线等，这样才不至于因找不到地址而浪费时间。

（3）选择访视时间

访视时间必须视案主的情况而定。通常而言，下班后或节假日是比较合适的时间。至于要不要与被访视者事先约定，要根据案主情况和访视目的而定。

（4）访视者的着装

"整洁、朴实"是工作者穿着的一般原则。工作者的穿着还需要根据访视对象的不同做必要的调整，以接近受访者的生活习惯为宜。

（5）访视者的态度

工作者代表的是整个机构，因此态度和言行必须特别谨慎，其言谈举止应尽量合乎当地的风俗并顾及被访者的社会背景。

3. 记录

记录是指工作者在与案主接触的过程中把案主情况及其处理过程详细地记录下来，记录的内容包括案主的基本资料（如姓名、性别、年龄等）、存在的问题、案主对自身问题的看法，以及工作者对案主问题的分析和处理等。

个案工作机构一般都有确定的记录格式，具体有以下3类。

（1）流水账式

把所有收集到的有关案主的资料全部记录下来，好处是内容详尽，可备不时之需，缺点是相当浪费时间，目标不明确，缺乏分析整理。

（2）对话方式

记录案主和工作者在会谈过程中互动或沟通的内容，除对话之外，表情、动作等身体语言也详细地记录下来。这种方式内容周详生动，阅读者通过这样的记录能够清晰了解案主内心的真实感受和问题、工作者的会谈技巧、工作者和案主的互动过程。

（3）分段方式

按事情发生的先后次序分段记录，每段加上一个标题，使内容清晰可见，这种记录方式常用于各种个案报告中。

二、社会工作方法之小组工作方法

"小组工作"一词来源于英文单词social group work，按照字面意思，也可以理解为"团体工作"或"社会团体工作"。一般来说，小组工作的构成主体是多样的，包括普通的儿童、青少年、成人等，这些团体可以提供一些公共服务（如教育和娱乐等），还可以针对受到社会和心理问题困扰、生活常常面临不变的人提供帮助，负责预防可能出现的问题、治疗生理和心理疾病、协助康复等。

通过建构团体情境、开展团体互动来促进个人发展与矫治，这是小组工作的主要特征之一，也有些小组工作主要借助团体的合作搭配开展各种社会行动。下文重点的对象是小组工作的定义、过程和具体运用等。

(一) 小组工作的定义

迄今为止，小组工作依然没有一个较为准确的定义，围绕其展开的讨论层出不穷，下文将分析四种较为普遍且合理的定义。

第一种：小组工作的构成人员必须经受过一定的专业训练，按照小组工作的原理和方法，由其所归从的机构（或社团）给予支持，凭借工作者个人在个人、团体和社会等因素方面的了解程度，充分发挥工作者个人和团体、团体分子同整个社会之间的联系和往来，从而推动个人、团体以及社会的发展，这就是小组专业工作的最终目的。

第二种：小组工作的本质是教育，工作的过程就是教育的过程。一般情况下，来自不同主体的志愿结合在一起，形成一个团体，在空闲时间段内，基于小组工作者的共同帮助，开展小组工作。这种做法的最终目的是让不同个体的人格在团体中实现有效的互动，从而促进个人的进步与成长；或者是为了实现多人共同的目的而鼓励不同的团体成员积极合作互帮的集体行为，从而营造一种集体性的情境。

第三种：小组工作应该是社会工作方法，它可以借助目的性突出的团体经验来帮助个人强化自身所发挥的社会功能，从而进一步高效地处理个人、团体和社区之间存在的难题。

第四种：小组工作是提供服务的策略，主要在面对面的小团体内开展服务，或者借由此团体为个人提供方便和帮助，这样一来，凡是参与了团体活动的成员个人状况都会产生预期的变迁。

综合以上四种定义，大体上可以对"小组工作"的概念进行如下界定：小组工作可理解为社会工作者采取专业性的技术，按部就班地开展方案，引导并帮助每一个小组成员完成不同的小组活动，以促进个人行为改变与社会适应能力提升的一种社会工作方法。

(二) 小组工作的过程

1. 工作准备阶段

小组工作的前期准备主要包括明确工作目标、制订工作方案、组员的招募及遴选、申报并协调资源、活动场地及设施的选择和安排等。

（1）明确工作目标

工作者可通过接触成员了解需求，可通过与同事、社区人士沟通来了解服务对象未被满足且可能通过小组满足的需要。小组目标是逐步形成的，最初目标可能随着小组活动进展而不断具体化，逐渐满足小组的需求。

（2）制订工作方案

一旦确定了小组的目标和性质，工作者就可以在这一前提下逐步制订工作方案，工作方案的制订主要包含以下8个环节。

①服务理念及理论。

②小组目的及目标。

③小组服务对象及特征。

④小组特征。

⑤组员招募计划。

⑥每节活动计划及所需物资源。

⑦预期困难及应变计划。

⑧经费预算。

（3）组员的招募及遴选

①招募成员。小组可以从以下几个群体中招募和选择组员：已接受过本机构提供服务的部分对象；由所在社区的居民为本机构引荐的人员；向本机构主动提出帮助申请的人员；从其他机构介绍来的特定服务对象；通过互联网、社区宣传栏等渠道获得小组信息之后主动报名参加的人员。

②遴选和评估。对于前述的可能成为的小组组员的群体，工作者会采取一些必要的遴选与评估工作，主要借助个人资料审查或面对面会见的形式来实现。遴选和评估主要包括以下几个参考标准：报名者的年龄和性别是否合适，家庭条件和职业状况是否符合小组要求；所拥有的文化水平是否合格，能否正确认识某些特定的问题；报名者与小组整体面临一致或类似的问题（也可以是具备一致的兴趣与取向）；对参加小组的具体要求。

③确定组员。根据小组的类型、固有的特点和人数要求等条件，工作者最终确定能够加入本小组的成员。一旦选择了成员，工作者就有义务帮助其熟悉小组

工作的根本性质、社会意义、具体要求、工作特点、工作流程、可能包含的活动项目以及与之相关的政策文献等。

（4）申报并协调资源

工作者如果希望争取批准和资源支持，就应该向自己所属的服务机构提交申请，呈递小组的工作方案。如果当地条件允许的话，小组也可以让有关社区或者赞助机构了解自己的工作方案，从而从这些机构中争取更多资源作为辅助。

（5）活动场地及设施的选择和安排

工作者有必要在小组工作的初期准备阶段收集筹备一些基本物资支持，这对于小组工作的顺利开展而言是十分重要的。具体来讲，这些物资包括以下3个方面。

①活动场地的选择。在适宜的场地和妥善布置的环境中工作，组员对小组的认同感和对工作的积极性都会大大提升，这样一来工作效率也会提高。一般来说，安全、舒适、宁静的环境是小组工作最为理想的场所。

②活动所需的座位安排。相关调查研究表明，圆形的座位最适合塑造组员互动的氛围，在工作场合采用圆形座位可以在无形中提高组员的交流频率，强化沟通效率，除此之外，面对面的座位也是小组工作的理想选择。

③准备活动所需的其他设施和辅助材料。一般是指一些基本的文具和辅助工具，包括笔、纸张、张贴画、工作奖励等。

2. 工作开始阶段

（1）本阶段组员的一般特点

①矛盾的心理与行为特征。通常情况下，每一个小组成员都会在工作的阶段产生一种矛盾的心态：他们希望能向整个小组展现真实的自己，发挥自己的独特能力，然而既缺乏自信，又缺乏对其他组员的信任，不能完整而坦率地展示真正的内心想法。受到这种心态的影响，很多组员都要承受表露与不表露的内心斗争，在此其间产生焦虑不安的情绪。

②小心谨慎与互相试探。因为彼此之间尚不熟悉，也不了解陌生的环境，所以在小组工作的初始阶段，小组成员大都会表现得比较谨慎，甚至是压抑自我，行为特征拘束而委婉，尽可能与还是陌生人的其余组员友好相处，展露客气、礼貌的待人态度，用小心谨慎的方式开展人际沟通与互动。在小组互动进行的过程

中，组员会逐渐了解彼此的情况，首先要熟悉的就是谁对自己展现出了足够的善意、谁在小组中表现得更加强势、谁有能力承担领导责任等，此外，每一个小组成员也会通过沟通逐渐确定自己的团体定位，为自己在小组工作中找到一个最为适合的角色。

③沉默而被动。在小组工作的初期阶段，绝大多数成员都是刚入小组，对于工作的方向尚不明确，也不熟悉小组内部的规范，这样一来，很多人都担心自己会说错话、办错事，所以不会率先有所行动，而是尽可能等待，彼此观望，希望先借鉴别人的做法，确定了合适的行为之后，再为自己下一步的行动制订计划。但是，如果每个组员都采取这种观望态度，那么整个小组的气氛就会变得十分沉默，工作进程也难以推进，成员的工作缺少自觉性，没有流畅之感。

④对工作者的依赖。在小组工作的初期阶段工作者会自然而然地成为核心，因为这时的小组成员对于自己的工作大都没有明确的认识，对于下一步的安排感到无所适从，所以很容易对工作者产生依赖心理，把工作者放在小组的权威位置。但这样一来，小组成员就会无意识地忽视自身应有的能力和责任，无法发挥自己所掌握的资源的作用。

（2）工作者的任务

①协助小组组员彼此认识以消除陌生感。在小组建立初期，组员之间的初步了解是最重要的工作之一，这主要是为了使组员逐渐融合和贴近彼此之间的关系，合作达到小组任务的预期目标。从普遍的情况来看，相当一部分小组会在这类工作上耗费很长一段时间，为今后工作的顺利进行提供方便条件。

②澄清小组目标。小组内部的每个组员之间都有一定的认知差别，都怀抱着不同的工作理念与目标期待。此外，尽管所有的小组成员都在下定决心参加小组之前简单地了解了小组的基本目标，但这种认识依然是不具体的，有待进一步明确。综上所述，工作者应该在小组形成时，首先引导小组成员认清自身的期望，确立一个符合共同理念的小组目标，为小组未来的工作指明方向。

③建立小组规范。小组规范涵盖着两方面的准则，它不仅为组员指出什么行为是不可以尝试的、受到禁止的，指出什么行为是值得做的、受推崇的，而且它还具有一定的评价性质，对小组规范不尊重甚至故意破坏的人就是小组中的坏分子。总而言之，小组规范是全体小组成员在工作时务必共同遵守的基本原则。因

此，对于全体小组成员来说，小组规范为每一个成员的权益提供保护，维系着小组的正常运作和长期发展。

④塑造安全、信任的小组氛围。塑造安全、信任氛围的最基本保障是制订小组规范，使大家的行动有所依循，这样信任感也就渐渐产生了。工作者要信任小组成员，给小组成员无条件的尊重，使小组成员免于伪装或隐藏，可以真实地表达、探索自我。

⑤发挥工作者的示范作用。在小组发展的初期阶段，全体成员的注意重心都应当集中在工作者的行动上，工作者在小组中发挥着行为模范的作用，所以必须对自身的示范格外注意。除了向所有小组成员示范自己所担当的专业角色之外，工作者还应该充分体现真我的部分，这不但能使组员产生安全感，而且工作者倾听、专注、尊重、真诚的行为，本身就是组员学习的典范。

3. 中期转折阶段

（1）本阶段组员的特征

①对小组具有较强的认同感。小组发展到转折阶段，与以前最明显的不同是小组成员感受到自己与小组是真正有关系的，从原来站在小组的外面或边缘进入了小组里面，甚至会对外人的批评、攻击进行辩解，维护小组的利益。在转折阶段，个体发现自己不是孤立的，很多人有类似的困扰、相同的感受。他们会察觉到彼此的相似与共同的命运，从而产生对小组的认同感。

②互动中抗拒与防卫心理。由于小组成员对自己应该留在安全区域还是冒险深入有所犹豫，也担心工作者或其他组员是否足够安全、乐于接纳，因此，小组成员无法自然地展现自我、与人互动，而是小心谨慎地保护自己。小组成员对小组有疑惑、恐惧、犹豫、保留是很正常、自然的现象，工作者应给予尊重、接纳，并妥善处理。

③角色竞争中的冲突。经过了开始阶段的客气，组员们都希望更真实地表达自己，更真诚地互动，因此开始想表达不同的意见与看法，对别人也不再那么礼貌与客气，会有批评或竞争，因此会产生小组成员与工作者之间或小组成员彼此之间的冲突。冲突并非完全负面的，若能妥善有效地处理，往往可以提高小组的信任程度与凝聚力。

（2）社会工作者的任务

①处理抗拒行为。工作者如果要帮助组员克服参加小组活动时的抗拒心理（是参加小组活动时的自然反应），可以先帮助其了解小组的性质，让组员认识到这是一个可以自由分享意见、表达个人感受的开放性场所。另外，工作者还可以尝试塑造开放式的小组内部气氛，协助成员逐渐了解自身固有的内在担忧和心理戒备，自然地引导他们承认自己的忧虑和不安，并勇敢地面对这些问题，寻找解决的方案。

②协调和处理冲突。如果组员之间产生了比较强烈的冲突，那么工作者可以借助以下几项具体的措施来尝试解决问题：发挥焦点回归法的作用，也就是把问题抛给组员自身，让他们自己探索解决的路径；引导组员认识冲突的内核所在，尤其是必须让所有人理解冲突所隐藏的价值观的不同；可以采用一些诸如角色扮演的手段，促进组员的自我了解，并设身处地地构想他人的处境，促使组员更好地认识和判断自我；规范化小组的章程和契约；让组员敢于面对冲突造成的人际关系紧张问题，并积极地予以解决。

③保持组员对整体目标的清醒认识。在小组工作的转折阶段，全体组员和工作者之间需要着力解决个人目标与小组集体目标之间的关系，因此这时这两者很有可能出现冲突、摩擦与难以平衡，最终很有可能会取代小组的大方向和目标。工作者必须时常借助多样化的方式警示组员时刻保持团队意识，对小组目标有较为清醒的认识。

④协助组员重构小组。在这个阶段，成员对小组的建构已经和小组的开始阶段有所区别，整体上是让组员发挥主导作用，而并非由工作者来担任主导责任，工作者引导、协助和鼓励组员担负起重构小组的全部责任。引导组员为小组发展目标和已确定的方向努力、改变自身的观念和习惯，这也是转折阶段的一个重要目标，工作者有必要领导组员对小组结构进行二次建构。

⑤适当控制小组的进程。在转折阶段，工作者还应该对小组的发展进程进行适当的控制，以小组为中心，号召全体组员积极互动，着力构建一个良好的工作环境（或者说解决情境），将小组放在中心地位，所以，在该工作阶段，工作者还必须清楚地认识到：在经历了化解抗拒和应对冲突的尝试之后，组员都会拥有一定的自我约束、自我决策的能力，不过这并不代表每个人都已经达到了彻底独立自主的状态。

4. 后期成熟阶段

（1）本阶段小组及组员的特征

①小组的凝聚力大大增强。进入后期成熟阶段之后，小组成员之间的凝聚力会更强，小组内部的沟通会越发顺畅，组员相互之间的理解和默契会更加强烈，更善于彼此接纳和认同，组员更容易被工作所吸引，全身心投入工作，同时对小组产生较强的认同感和集体荣誉感，会自觉担负更多的职责，主动寻求更多任务。

②组员关系的亲密程度更高。组员内部和组员与小组之间会建立起更紧密、更自然的关系。因为已经合理地排解了各种负面情绪，有效化解了矛盾冲突，所以小组内部已经营造了良好的氛围，组员在其中会感到更加安心，更容易放松。组员之间凭借着亲密的情感紧紧联系在一起，每个人都可以感受到自由而真诚的态度，向其他成员分享自己的经验、知识与技能，小组互助网络就这样逐渐建立起来，推动小组工作长期有效的发展。

③组员对小组充满了信心和希望。组员虽然会经历一系列的冲突和挣扎，但一旦合理地解决了这些问题，就会逐渐发现小组其他成员所呈现的真心，理解他们的想法，接受他们的关心和承诺，也会体会到他们对自己的尊重、包容与认可。在这样的背景下，组员会对小组产生越来越强大的信心，也有足够的信心去解决自己已经遇到或未来可能遇到的问题。

④小组的关系结构趋于稳定。关系结构的初步建立是小组工作进入这一阶段的主要特征之一，小组内部的权力结构大体趋于稳定，已经拥有了一套基本完整的决策机制，工作的进程遵循之前总结的各种规律，所有组员都已经认可了共同的小组领导，权力与控制的争辩不会再困扰小组。

（2）工作者的任务

①维持小组的良性、有效互动。工作者通过示范与引导，如自我表露、此时此地的表达与分享、质疑、反馈等，这有利于让小组成员的互动更加清晰，行动效率变得更高。

②协助组员从小组中获得新的认知。协助小组成员分析、检讨自己，改正不适用或不合理的认知，重建合理的认知体系。

③协助组员把认知转变为行动。小组成员通过反思别人的反馈和对质等，对自己与环境的关系产生了新的认知，但仅有认知是不够的，工作者还要协助小组

成员把认知转变为具体行动，以达到促进小组成员进步与成长的目的。

④协助组员解决有关问题。工作者应该帮助组员有条理地分析和厘清相关问题，借助分析和磋商的手段，引导组员树立一个合理的共同目标，并对小组已经掌握的各种资源加以整合，共同寻求解决问题的策略方法并付诸实施。

（三）小组工作的具体运用

1. 沟通互动

沟通是一个人利用符号将意义转达给另一个人的过程。通过沟通，小组成员和工作者可以相互理解，并进行良性互动，建立信任或自我调整，朝着共同的目标前进。社会工作者在开展小组事务时，应熟练掌握与组员沟通以及促进组员沟通两个方面的技巧。

（1）与组员沟通互动的技巧

①营造轻松、安全的氛围。首先，工作者应该展示足够友好的个人态度，对待工作和小组成员要热情洋溢，采用关心的语言和有亲和力的表情，让每一个组员感受到温暖与真诚，体会集体带来的关怀，让小组全体处在安全、坦诚、自由和开放的环境中工作。

②专注与倾听。工作者应该从语言和非语言两个方面专注组员的感受，让组员坦诚流畅、无拘无束地述说自己的感受，工作者要认真倾听，与此同时抓住组员表达中的重点，特别是之前未曾设想的一些信息。

③积极回应。在聆听组员讲话之后，工作者需要充分展现对组员的同理心，对发言者的态度和观点展现足够的尊重，站在对方的角度，认真揣摩和分析发言者的真正意愿和内心感受，最终给出积极的回应。

④适当的自我披露。工作者可以向组员坦白自己的体验、经历、态度和反思等，从而建立信任关系的情境，当然，这是一种有选择的叙述，通过这样的方式，组员彼此之间也可以坦言自己的个人问题和实际需求。

⑤对信息进行磋商。如果工作者一时没能准确把握组员发言中的有效信息和深层含义，就有必要在沟通工作上付出更多的精力与耐心，同发言者进行更全面、更深入的协商交流，只有正确了解了发言者话语中包含的所有信息，与其达成共识，工作者的沟通任务才算真正完成。

⑥适时小结。组员发言并不都是条理清晰的，受到种种条件的影响和限制，组员所表达的信息很有可能是散乱而模糊的，在这种情况下，就要求工作者的倾听力和理解力足够强大，能够帮助组员总结自己的观点。

（2）促进组员沟通的技巧

①提醒组员相互倾听。工作者应该维持交流现场的秩序平稳和环境安静，认真提醒组员，以端正的态度聆听他人的发言和意见。

②鼓励组员相互表达。工作者要怀着开放的心态，让每一个组员都大胆地倾诉自己的感受，表达自己的意见，同时还要以宽广的胸怀和严谨的态度采纳他人的不同观点。

③帮助组员相互理解。在沟通时，要密切观察组员的声调、语言、表情、态度和姿势等细微之处，帮助组员相互沟通和理解信息不一致的地方。

④促进组员相互回馈。组员发言后，工作者应鼓励组员之间的分享和回馈。

⑤示范引导。工作者可用自身示范的方式，诱导组员模仿社工。

2. 小组讨论

小组讨论有许多重要的功能，其中主要有鼓励组员参与小组事务、实现小组决策以解决问题、增加小组活力等。为了使小组讨论顺利开展，工作者必须做好讨论前的准备并掌握一些引导讨论的技巧。

（1）讨论前的准备

①选择合适的主题。工作者必须对讨论所要达到的目标做到心中有数，并在此基础上选择适合讨论的主题。

②注意讨论主题的措辞。工作者的措辞要主题明确、论题集中并留有余地，以激起有效的讨论。

③选择合适的讨论形式。讨论包括公开讨论、陪席式讨论、座谈会、质询会等多种形式，工作者应根据具体情况进行恰当选择。

④安排活动的环境。安排活动包括讨论场所、座位的安排，这里要考虑到空气流通、气温、灯光、音响等因素。

⑤挑选合适的参与者。邀请合适的人员参加讨论会，确定参与者在讨论中的角色，如谁主持会议等。

⑥准备好讨论草案。工作者在讨论之前应对讨论中可能出现的各种情况进行

通盘的考虑，并准备一份详尽的讨论草案，以使讨论更有成效。

（2）主持小组讨论

①开场。在讨论会开始时，主持人应首先介绍参与者，使成员相互认识，接着引出讨论主题，并适时告诉成员一些讨论规则。

②了解。鼓励害羞内向的组员发表意见，并适时予以重复与肯定，以使这部分组员的意见得到大家的注意；随时注意讨论的气氛，适时反映团体的感受和思考，对问题的实质和成员的意见进行概括与阐述，以引导讨论指向更深入的方向。

③提问。提问有助于厘清问题、启发思考，工作者应在适当的场合巧妙地提问，不影响会议的气氛，又能把讨论引向深入。

④鼓励。适当地抑制多话的人，先摘述其发言，再以"除此之外，也许还有别的意见"引导他人发言，创造发言机会。对害羞者不可以采取逼迫的方式，而是注意他，等待他产生发言的欲望与勇气时，适当鼓励其发言。

⑤摘述。主持人在面对段落结束、讨论结束、议题岔开、变换主题、发言过长、发言复杂、争执不下的情况时，要进行摘述。摘述须明晰简要，主持人摘述完毕应征询发言者的意见，以证实摘述的准确性。

⑥限制。当少数成员垄断讨论时，主持人可作摘述并引导他人发言，或事先限定发言时间和次数；当发言太抽象或脱离主题时，主持人可切断话题，使讨论更集中、有效；当与会成员意见冲突时，主持人应设法缓和气氛，可采取付诸表决、会外协调等解决办法。

⑦中立。避免与成员争论；不偏袒任何一方；不判断他人意见；仅提出问题，不给予答案；提供咨询时，不予判断，仅作利弊分析或事实陈述。

⑧引导。引导的目的在于使论题更深入集中。引导包括暗示讨论方向、揭示讨论重点、安排讨论程序、剖析分歧的症结、提付表决等。

⑨结束讨论。当小组讨论进行到最后阶段，工作人员必须将小组讨论中组员所提出的问题归纳为几个要点，将组员所提出的各种意见和建议加以组织，形成详细、全面的结论，并指出将要如何应用。

3. 小组活动设计

小组活动是指在小组聚会时，呈现给组员的各种活动。这些活动是根据组员的爱好和需要计划、制订的。小组活动的设计包括以下事项。

（1）小组活动目标

工作者在确立小组活动方案时应尽量和小组目标保持一致，不能偏离。

（2）小组活动阶段性目标

小组活动阶段性目标应和小组阶段性目标保持一致，不同的发展阶段，其活动形式也各不相同，如成员相互介绍应安排在早期，竞争性活动则应安排在小组活动后期。

（3）小组大小

不同的小组活动对人数要求不同，最终确定的人数必须能发挥小组活动的最佳效果。

（4）聚会时间

工作者要精确把握小组的聚会时间及活动的速度，防止出现活动时间不足或过剩的现象。

（5）工具准备

小组活动常需的一些材料，包括纸笔、道具、表格、音响、奖品等，都应列成清单，工作者要事先准备好。

（6）环境安排

环境的安排包括场地空间、室内布局、室外场地安排、座位、灯光等。

（7）过程协调

工作者要熟悉活动安排的每个环节及环节之间的过渡和转换，包括如何开场、如何衔接、如何结束等。

（8）弹性原则

工作者依据自己的能力、小组兴趣随时修正小组活动。

（9）职责认定

工作者应对小组目标保持清醒，熟悉活动的作用，对活动的时间、程度及范围有清醒的认识。

（10）活动评价

工作者要先订出活动的评价标准，通过评价来改进活动或发展小组。评价内容通常包括目标的达成程度、个别组员的反应和团体反应等。

第六章　社区治理中的社区自治和公民参与

社区民众在积极参与社区自治活动的同时，还纷纷参与社区志愿服务，从而使得社区志愿服务成为公民参与社区治理的有效途径。本章内容为社区治理中的社区自治和公民参与，主要介绍了社区自治地位的法律依据、社区自治组织的形式和职能以及社区志愿组织及活动。

第一节　社区自治地位的法律依据

在我国城乡基层社区实行社区自治是符合国家宪法及其有关法规规定的法律行为。1982年《中华人民共和国宪法》，以及依据宪法制订的《城市居民委员会组织法》和《中华人民共和国村民委员会组织法》（以下简称《村民委员会组织法》）都明确了基层社区自治组织的性质及其基本职能。

一、国家宪法的有关规定

宪法是国家的根本大法。1982年12月4日第五届全国人民代表大会第五次会议通过的《中华人民共和国宪法》及后来经过几次修正宪法明确确立起依法治国、建设社会主义法治国家的基本方略。

宪法从根本原则、根本任务和根本制度上全面规范了法治国家最基本的社会制度和国家制度，规范了个人和组织的根本活动准则，具有最高的法律效力。2022年《中华人民共和国宪法》第二条规定中华人民共和国的一切权力属于人民；人民依照法律规定，通过各种途径和形式，管理国家事务，管理经济和文化事业，管理社会事务。

2022年《中华人民共和国宪法》第三十四条规定中华人民共和国年满十八周岁的公民，不分民族、种族、性别、职业、家庭出身、宗教信仰、教育程度、财产状况、居住期限，都有选举权和被选举权；但是依照法律被剥夺政治权利的人除外。

2022年《中华人民共和国宪法》第一百一十一条规定城市和农村按居民居住地区设立的居民委员会或者村民委员会是基层群众性自治组织。居民委员会、村民委员会的主任、副主任和委员由居民选举产生。居民委员会、村民委员会同基层政权的相互关系由法律规定；居民委员会、村民委员会设人民调解、治安保卫、公共卫生等委员会，办理本居住地区的公共事务和公益事业，调解民间纠纷，协助维护社会治安，并且向人民政府反映群众的意见、要求和建议。

从以上宪法条文可见，我国宪法在肯定国家权力属于人民的同时，赋予了广大人民以广泛的民主参与权利，同时明确了社区自治的基本精神，规范了社区自治机构——居民委员会、村民委员会的组成及其基本功能。在基层社区实行自治完全符合我国宪法规定，是受法律保护的公民参与行为。

二、其他相关法律的有关规定

《城市居民委员会组织法》，对作为城市居民自治组织的居民委员会的性质等做出了明确规范。该法第二条规定，居民委员会是居民自我管理、自我教育、自我服务的基层群众性自治组织。不设区的市、市辖区的人民政府或者它的派出机关对居民委员会的工作给予指导、支持和帮助。居民委员会协助不设区的市、市辖区的人民政府或者它的派出机关开展工作。

《城市居民委员会组织法》还对居民委员会的任务，居民委员会的设立、调整、撤销，居民委员会的成员构成及选举产生，居民会议，居民公约等做出了规定。这些规定对基层城市社区居民自治进行了规范。

根据《城市居民委员会组织法》的规定，绝大多数省、自治区和直辖市的人大常委会都制订了城市居民委员会组织法实施办法，在各省、市、区人大制定的地方性法规中同样对居民委员会的性质进行了规定，并重申了实行社区自治的基本精神。

1998年11月4日第九届全国人民代表大会常务委员会第五次会议通过《村民委员会组织法》，明确地指出了村民委员会作为农村村民自治组织的内在性质。村民委员会的职能之一在于连同乡、民族乡、镇的人民政府共同实施工作。相关

■ 社区治理的理论与实践探索

法律对村民委员会的性质给出了明确的定义，在此前提之下，对村民委员会的任务和职能进行了规范，它还十分直观地指出了村民委员会选举的主持机构、选民登记、候选人提名、投票方式、计票方法、确定当选等法律程序；规定了村民会议、村民代表会议的组成、职权和民主决策的内容；规定了制订村民自治章程和村规民约，实行民主管理的渠道；规定了村务公开、民主监督的内容、程序和办法；明确指出村民委员会必须坚定不移地遵循群众路线，大力发扬民主精神，实施少数服从多数的工作原则等。该法第二条规定，村民委员会是村民自我管理、自我教育、自我服务的基层群众性自治组织，实行民主选举、民主决策、民主管理、民主监督。

根据《村民委员会组织法》的规定，绝大多数省、自治区和直辖市的人大常委会都制定了村民委员会组织法实施办法，在各省、市、区人大制定的地方性法规中同样对村民委员会的性质进行了规定，并重申了村民自治的基本精神。

尽管目前有的城市在建立新型社区管理体制过程中对居民委员会组织有所改革，但都是在遵循宪法和《城市居民委员会组织法》的根本原则和精神的前提下所进行的，而社区的自治性质及其"三自职能"仍然没有改变。

第二节 社区自治组织的形式和职能

在我国的城市和农村地区，社区自治组织的名称因区域划分而产生区别。简单来说，城市的自治组织就是居民委员会，农村的自治组织则是村民委员会。从我国城乡社会经济文化等方面的特点和实际需求等角度进行考虑，居民委员会和村民委员会两种自治组织在本质上拥有一致的性质，不过，两者同样有着各种职能上的明显差别。

一、城市社区居民委员会及其职能

（一）社区居民委员会的设立、组成及其机构

根据我国有关法律规定，在城市实行社区自治的组织是居民委员会。在社区建设中，我国很多地区都改革和完善了原有的居民委员会结构和制度，建立了新

式的社区居民委员会。从整体上来说，社区居民委员会和原来居民委员会的范围相比，管辖范围有了很大的拓展，根据统计，这类组织最初仅仅有 100~700 户，如今已经增加到了 1 000~2 000 户，不过，由于相关规定的欠缺与不足，在初期建立以及工作运行的各个方面，社区居民委员会仍然沿用着原先居民委员会的法律法规。

根据我国《城市居民委员会组织法》以及每个省、自治区、直辖市实施办法的相关规定，社区居民委员会的划分、设立、撤销或规模调整都需要符合便于居民自治、适合群众直接管理地区事务的原则来实施，街、胡同、巷、围墙甚至河流等地理要素都可以作为划分居住区域的界线标准；在实际操作中，一般由街道办事处提出（有关居民或组织也可向街道办事处提出要求），由所在未设区的市、市辖区人民政府审定，并上报一级人民政府备案。

社区居民委员会成员通常由主任、副主任和委员组成，都以依法民主选举的方式公平产生。社区居民委员会成员的选举可以采取直接选举和间接选举两种方式，并且这两种方式都符合民主选举的原则。换句话说，社区居民委员会成员不仅可以让社区内部所有具备选举权的居民或者每户派代表选举决定，也可以考虑居民的观点和意愿，由每个居民小组先选举居民代表，之后再让居民代表实施投票选举。选举的参与人员需包括本社区内部所有具备选举权的、一半以上的居民与户代表，或者超过 2/3 的居民代表，这样一来才能认为选举结果有效；候选人一定要得到半数以上参加投票的全体人员的选票才能当选。每届居民委员会成员都有 3 年任期，允许连选连任。

社区居民委员会下属一系列工作委员会，负责承担治安保卫、人民调解、公共卫生、计划生育等任务。每个委员会的主任既可以由居民委员会成员担任，也可以另行任职。在这些委员会中，人民调解委员会主要解决社区居民日常发生的冲突，处理社区居民的矛盾和纠纷等；治安保卫委员会负责与当地的公安部门展开合作，例行治安巡逻任务，维护社区长治久安，从而确保居民能够在安全稳定、井井有条的环境中生活和工作；公共卫生委员会要在社区中组织各种形式的爱国宣传和卫生活动，及时除害灭病，引导全体社区居民养成良好的生活习惯，培养高尚的社会公德；计划生育委员会主要负责统计、调查和登记育龄妇女的个人情况，给出统计报表，及时了解社区内育龄妇女的状态，合理分析其生育情况，从实际出发，制订相应的科学措施，避免早婚早育等问题。

（二）社区居民委员会的性质

社区居民委员会指的是由中国共产党领导的，由社区居民开展自我管理、自我教育、自我服务的群众性自治组织。

自我管理的含义是社区居民自发形成有序的组织，凭借社区内部的力量约束自己，自行管理和解决社区内的各种事务。自我管理明显有别于传统的行政管理和经济管理，主要体现在以下四个方面。

一是自我管理首先要求发挥说服教育的作用，鼓励居民发扬协作友爱精神，帮助困难群体。一旦先进模范展示了足够有力的带头作用，全体居民的自觉意识都会被激发出来，积极参与社区事务的管理和社区问题的解决，这样就无须国家强制力量的干涉。

二是社区居民同时承担管理者与被管理者两重身份，也就是说，管理者与被管理者的主题是一致的，管理机构及人员由社区居民大会或社区成员代表大会选举产生，并接受居民群众的监督。

三是将借鉴社区居民大会或社区成员代表大会集中全体居民的意见作为管理的基本方式，同时推出社区自治章程等规章制度，全体居民都应该严格遵守执行，突出不同主体的积极作用，由此形成更加理想的社区治理制度与流程。

四是集中力量管理所有和社区居民利益密切相关的公共事务，大力扶持公益事业，当本地区的居民出现各种纠纷时，社区居民委员会有义务出面调解。

自我教育指的是居民通过参加各种形式的社区居民自治活动获得感召和教育。教育者和被教育者在自我教育的过程中是统一的。每个居民都同时扮演着教育者和被教育者的角色。所有的居民都可以通过自己的行为发挥引领作用，影响其他居民的行为，产生榜样作用，承担着基本教育任务的社区居民委员会成员也是从居民中选拔出来的。自治活动和教育是本质一致的。让居民开展各种形式的自治活动，这一行为本身就蕴含着强烈的教育意义，能使居民在这一过程中获得更优秀且深入的基本政治素质。居民参加社区居民大会或社区成员代表大会，接受社会主义民主的感召，对社区居民委员会的工作程序和工作效果进行监督，由此在实践活动当中更深入地了解和认识我国的民主，掌握民主理念，从根本上认可遵循民主的原则和程序处理事务的理念，充分发挥自身固有的行使选举权和被选举权的作用。

自我服务的基本含义是居民群众自行组织开展工作，凭借集体的力量，进行各种各样的服务活动，以达到便民利民的目的。开展合理的自我服务能够将居民紧密地团结在一起，实施社区自治，同时使得社区自治的吸引力和凝聚力得到大大提升。在社区自我服务中，服务项目是由居民的实际需要确定的，重大项目则要经过社区居民大会或社区成员代表大会的讨论才能做出最终决定；在该过程中，所花费的款项都要借助辖区单位赞助、居民自筹、社区组织捐助或上级资助之类的筹款渠道和形式来解决，社区居民委员会在其间发挥组织协调的作用。

（三）社区居民委员会的自治内容方式

社区自治的居民自治组织就是人们常说的社区居民委员会，社区自治的基本内容与开展途径是民主选举、民主决策、民主管理、民主监督。

民主选举指的是社区居民委员会的主任、副主任和委员都是通过民主选举的形式产生。选举方式包括直接选举和间接选举两种，不过，无论是直接选举还是间接选举，都必须遵循公平、公正和公开的基本原则。凡是年满18周岁的居民，只要享有政治权利，都有选举权和被选举权。选举实行无记名投票、公开计票的方法，选举结果当场公布。社区居民委员会每届任期3年，按期进行换届选举。

民主决策的主要内涵是：凡是与社区居民切身利益密切关联的事务，都必须让社区居民获得参与民主讨论的机会，最终遵循大多数人的意见做出下一步决定。社区内部18周岁以上的居民组建的社区居民大会、由社区居民代表以及社区单位代表组成的社区成员代表大会都是社区议事的主要形式。社区居民委员会负责主持召开大会。

民主管理主要要求合理处理和安排社区内部的公共事务，大力发展经济建设，为个人的行为准则提出规范，同时，必须充分参考来自社区居民群体的观点和建议，在管理实践中，应该积极引导居民群众加入其中，并以谦虚求实听取居民群众的不同意见。

民主监督意味着无论是社区居民委员会的工作，还是社区内的各项事务都必须接受居民群众的长期合理监督。该原则主要体现在下面的三个层面：一是必须由社区居民民主选举，推选出社区居民委员会成员，居民群众有权利随时监督；二是社区居民委员会实行居务公开制度，社区居民委员会对于社区居民大会或社区成员代表大会讨论决定的事项及其实施情况，救灾救济款物发放情况，以及社区居民群众普遍关心的其他事项都应及时公开，接受居民群众的监督，同时，社区居民委员会应保证公布内容的真实性，并有义务接受居民的查询；三是居委会工作报告和民主评议制度，即居民委员会成员向居民大会或者居民代表会议报告工作，并且由居民或者居民代表评议居委会成员的工作情况，对经民主评议不称职的，可以依法予以撤换和罢免。

（四）社区居民委员会的职能

在我国目前的社会构成中，城市中最为普遍、覆盖范围最宽泛的基层自治组织就是社区居民委员会，该组织对于城市社区的基本管理发挥着十分重要的作用，承担着关键的职能。

社区居民委员会乃是社区自治的常设管理机构，要负责厘清自身和相关组织的关系，和有关政府机构之间将职责划分清楚，在上述的情况下，在社区治理中，社区居民委员会担负着在群众之间开展宣传教育工作、优化全体居民文明素质、开展社区自治、协调规划社区公共事务，辅助相关政府职能部门在本社区内实施行政社会管理工作，推广社区服务、维护和提升社区服务业，监督评判政府职能部门的工作和反映社情民意，将经济建设作为发展的中心、妥善处理环境保护工作等六项主要职能。

二、农村村民委员会及其职能

（一）村民委员会的设立、组成及其机构

按照我国相关法律的具体要求，村民委员会是负责农村基层社区的村民自治的组织。遵循《村民委员会组织法》及其各省、自治区、直辖市实施办法的有关规定，依照一切未来群众自治的便利有效的原则，结合本村村民的人口构成、村民素质、居住情况等实际因素，设立村民委员会。由乡、民族乡、镇的人民政府负责设立和撤销村民委员会的成员，并进行范围调整，在村民会议中进行商议并一致赞成之后，上报县级人民政府方可获得最终批准。

村民委员会的所有成员都是村民直接选举产生的,包括主任、副主任和委员三个基本组成部分。村民选举委员会负责主持选举村民委员会的成员,至于村民选举委员会的成员,则来自全体村民的推选,在选民登记完成之后,具备选举权的村民直接提名,选出村民委员会的候选人,当选举大会召开时,选民直接进行投票选举,村民委员会的成员由此诞生。凡是本村本届拥有选举权的、超过全村半数的村民都有义务参加投票选举,共同参与选举大会,在此前提下,方能认为选举有效;只有一半以上参加投票的人为候选人投上选票时,候选人才可以当选。

另外,村民委员会选举还有下列要求:所有组织或者个体都没有权力委派、钦定或者取消现任的村民委员会成员。村民委员会在每届任满3年的任期之后,就必须及时举行换届选举。不过,村民委员会成员是允许连选连任的。

(二)村民委员会的性质

村民委员会是基层的群众性自治组织,是组织实施村民自治的基本机构,它的主要作用是为村民创造自我管理、自我教育、自我服务的平台。全体农村居民都是村民自治的主体;以本村的公共事务和公益事业作为自治的主要内容,这就是所谓的"村务"。之所以实施民主自治,主要是为了引导广大的农村居民在本村范围内;进行自我管理、自我教育和自我服务,妥善解决和村民利益有紧密联系的公共事务,达到有效治理农村基层社会的最终目的。

村民自治的内涵主要包括三个方面,即村民的自我管理、自我教育、自我服务。

(三)村民委员会自治的内容方式

"四个民主"是村民自治的核心所在,也是村民自治开展的主要方式,它包括民主选举、民主决策、民主管理、民主监督四个部分。在我国社会发展的现阶段,多方位推进村民自治,换句话说,就是在全国农村推进村级的民主选举、民主决策、民主管理和民主监督。

民主选举的主要内涵是:本村所有依法享有选举权的村民,遵循法律法规规定的程序可以进行直接选举,产生村民委员会主任、副主任和委员。在农村开展民主选举,能够让真心实意为村民群众着想,说实话、办实事的人进入村民委员会领导班子,这些成员作风端正、思想健康、文化优秀、本领过人,能够为群众真心付出，他们的加入必将为村民委员会的建设增添不可小觑的力量。村民委员会选举要坚持秉承公平、公正、公开的原则。

只要是年满18周岁的村民，并且依法享有完整的政治权利，就应该拥有选举权和被选举权。村民委员会每届满三年任期之后，就必须及时换届，举行下一届的选举会议。当然，村民委员会的成员都是可以连选连任的。

另外，村民也可以罢免村民委员会成员。对于不称职的村委会成员，村民可以依法行使民主权利，将其罢免；和选举产生村民委员会成员不同，罢免村民委员会成员须经有选举权的村民过半数通过。

在对所有与全体村民的利益有密切关联的事务，以及村子内部的重大问题进行决定时，都必须专门召开村民会议，或者村民代表会议，通过会议讨论，方可得出结论，最终遵循多数群体的意见来进行下一步的安排，这就是村民自治中的民主决策。本村18周岁以上村民共同组建的村民会议是村民议事的基本形式。

村民会议由村民委员会号召举办，不过，只要有超过一成的村民提出意见，应当召集村民会议。重大村务基本上都应该呈交给村民会议或村民代表会议讨论，最终做出决定，这一事实对于以往所有的村中事务都由少数的部分村干部来决定的状况来说，无疑是一种改变与进步，有利于村民认识和行使自己的权利，有利于村民参与村民自治。

村民委员会的主要责任在于为公开内容的真实性提供保障，同时，其工作流程和工作结果都应该接受村民的审查、评判乃至质疑。另外，村委会要在一定的时间内汇报近期的工作成果，最少每隔半年或者1年，村民会议要对村民委员会的工作报告进行审议，分析村民委员会对前一段时期工作情况的总结，从而为下一个阶段的工作制订合理的计划。

民主评议村干部，村民会议每年都需要认真聆听村民委员会成员的个人工作汇报，对村委会成员的工作状况进行评议，对评议不称职的，可以进行撤换或者罢免。

村民委员会由村民选举产生，另外，如果本村超过两成的村民共同提出要求，就可以最终罢免不合格的村民委员会成员。

民主选举在"四个民主"当中被作为村民自治的基础原则，民主管理是村民自治的根本所在，民主决策对于村民自治承担着关键的作用，民主监督则被视为村民自治的基本保障条件；"四个民主"共同建立起了一种内部彼此联系的完整结构，不可以只强调民主选举的作用，而轻视甚至不考虑另外三项民主的重大意义。

（四）村民委员会的职能

在我国的农村地区，最基本的基层自治组织是村民委员会，村民委员会在农村基层社区自治工作中发挥着极其重要的作用，承担着相当关键的职位。村民委员会乃是村民自治中的日常性管理机构，对农村社区的管理和发展有着无法取代的职能。

第一，将社区居民的意见、要求及建议向上反映给人民政府。村民委员应当及时收集村民群众的需求和对农村现状的看法，之后如实地向政府及其职能部门传达和反映，提出一些建设性的意见，让各级政府能够及时了解群众的心声，研究村民在生产生活中已经遇到和可能遇到的各种问题，提出可行有效的解决方案，另外，还有必要让国家机关和国家工作人员接受更全面、更严肃的监督。

第二，维护社会治安。我国农村地区的范围非常宽广，远远超过城市地区，在这样的社会背景下，公安部门的力量就显得有些捉襟见肘了，仅靠公安人员的力量来维护农村社会的良好治安是很难达到理想效果的。所以，我国法律将维护农村社会治安的重要任务委托给了村民委员会。借助加强治安防范、实施社会治安综合治理、推广法制宣传教育等基础手段，村民委员会同有关部门建立合作关系，在村民群体间进行普法宣传的教育工作，做好社会预防，最大限度地避免和控制犯罪行为的滋生。

第三，调解民间纠纷。村民在农村的日常生活中会产生十分复杂的利益矛盾，由此引发的冲突与纠纷可能带来许多不良后果。但是，很多民间纠纷远没有上升到刑事案件的程度，无法靠司法机关的介入来解决，甚至当地的民警也难以查清相关事务。这样一来，村民委员会的作用就凸显出来，它由村民选举产生，在村民中有着一定的信誉和声望，负责人员也更加了解村子里的实际情况，方便介入村民的沟通交流，一旦出现了民间纠纷，就能够及时地调解和制止。

第四，辅助上级政府和其所包含的职能部门实施行政社会管理等具体工作。受到各种因素的制约与影响，政府及其职能部门没有办法真正深入基层，政府人员没有条件给农村的每家每户都提供帮助，这种情况下就必须借助村民委员会的职能才能够更好地落实农村工作。具体来讲，这些工作包括帮助政府部门在社区开展各种与本村部分乃至全体村民利益有关的工作，如计划生育、优抚救济、医疗补贴、教育补助、退耕还林（草）、征兵招工、水电费收缴、宅基地审批、征用土地补偿等。

第五，管理本社区的公共事务和公益事业。两者虽然有一定的区别，然而也不可以将它们随意区分开来，不加以联系。这里提到的公共事务包括所有和本村的村民生产及生活有直接联系的事务工作，至于公益事业，大致包括村子内所有的公共福利性事业。对于实际的工作来说，由村民委员会主持开展的公共事务和公益事业具体包括：植树造林、整理村容村貌、美化环境、修建各类公共设施和场所（桥梁道路、水利设施、学校、幼儿园、敬老院等），以及帮扶协助村中的困难群体（鳏寡孤独等）。

第六，在群众间大力开展宣传教育工作，从根本上提高村民的平均文化素质水平。村民委员会应在本村的文化教育事业上投入更多心血和付出，在村民群体中普及科学知识，举办内容多样、形式新颖的社会主义精神文明建设活动，具体方式可以是评选文明户、五好家庭等；同时要宣传宪法、法律法规和国家的政策等，这些活动都是为了使村民群众对法律法规有更深入、更详细的了解，教导其主动履行自身固有的法律义务，并培养环境保护意识，有节制地开发利用自然资源，为改善生态环境做出贡献。

第三节　社区志愿组织及活动

改革开放后，在我国社区服务发展过程中，志愿服务活动产生并逐渐发展壮大。志愿服务是社区民众基于兴趣、责任而从事的各种社会奉献活动。志愿服务在中国社区建设发展起来后，逐渐成为公民参与社区治理的有效途径。

一、志愿活动概述

（一）志愿活动及其特征

为了推动社会发展而不求回报地为社会生产生活努力服务的行为就是人们常

说的志愿服务。志愿者组织和志愿者的最终目标在于推动人类社会文明的长久进步与发展，为了这一目标，他们会自觉地在志愿事业中贡献出个人所拥有的资源，包括时间、金钱、经验、能力、注意力等，志愿者在服务时，不追求任何物质层面的回报，只要达到了优化社会服务状况的目的，他们就会得到精神上的满足。相较其他类别的服务而言，志愿服务有四个突出的特征：志愿性、无偿性、公益性、组织性。

（二）志愿活动在社区治理中的作用

志愿服务在我国社区服务不断演变并向社区建设转型的过程中，价值、作用和意义日益凸显，为公民投入社区治理提供了十分有效的途径。中国城市的社区服务是20世纪80年代后期出现的新生事物，是在政府的领导下，以街道为主体，以居委会为依托，动员社区居民为本社区内成员的物质生活和精神生活提供各种社会福利和社会服务的群众性的服务活动。

在目前的中国社区志愿者活动中，绝大部分的参与者都会将街道管理与社区服务等同看待，将两者放在一起处理，社区服务对于街道管理机构来说，不仅是街道工作的重要环节，还能够有效地协助和推动街道管理的工作。许多街道领导干部率先参加社区志愿者组织和志愿者活动，而街道管理部门帮助社区志愿者组织制订一系列规章制度。所以，社区志愿者活动是围绕着街道管理和社区服务工作进行的。

受到市场经济取代计划经济的社会变迁的影响，很多人原先的理念思想、人生目标和价值追求都产生了变化，一部分人开始追求金钱至上，为争取利益而不择手段，价值观出现了扭曲和堕落；然而同样有很多人受到新时代的感召，希望在社会中建立互帮互助、和谐友善、团结向上的良性人际关系，在全社会范围内推广"人人为我，我为人人"的价值观念，致力于创造友好的社会环境。

在不断涌现的社区志愿者服务活动中，居民群众能够有效结合自我教育、自我管理、自我服务等多个个体培养环节，很多志愿活动的参与者都找到了实现个人价值的有效途径，以及将个人价值与社会价值有机统一的有效途径，社区志愿服务由此在新的社会形势之下逐渐成为构建新型人际关系的有效途径。

改革开放政策实施以来，我国一直在走向繁荣富强，人民的生活水平大大提高，物质条件越来越充实，然而，在经济快速发展的同时，也暴露了许多尖锐的社会矛盾，利益与道德发生冲突的问题时有体现。

例如：国有企业的社会职能将逐步转移出去，企业下岗职工大量增加，他们在就业和生活等方面都需要社会的关心与支持；收入差距拉大，一些低收入职工的心态不平衡，矛盾增多，需要人与人之间的理解和关怀，同时维护社会治安和社会稳定的任务也非常繁重；老龄化速度加快，全国老龄人口已达1亿多，占总人口的比重超过10％；等等。

"尽管解决群众的生活困难是各级政府义不容辞的责任，但是，无论政府怎样完善社会服务系统，群众中也还是有些问题难以解决，而发展社区志愿服务也是当前形势下解决诸多社会问题的有效方法。"[①]天津市和平区新兴街社区志愿者服务活动给管理者提供了值得借鉴的经验和做法。

在实践中，新兴街把社区志愿服务与城市建设和管理工作、社区文教卫体工作以及文明小区的创建等各项工作有机地结合起来，自觉地把社区服务融合到街政工作当中，融合到社区管理和社区建设当中，借助社区志愿者服务网络，让居民群众在基层民主政治建设中贡献力量的积极性得到充分的激发和鼓励。如果能实现这一点，那么首先社区服务自身就能获得更为壮大的有生力量，注入充沛的活力，焕发出新的生机，同时维系志愿者队伍的稳定，让志愿者服务向着更为健康的方向发展，从根本上有效地改善社区内部成员的相互关系，为社区带来更强大的凝聚力，大大推动整个社区的发展、进步与繁荣壮大。

社区志愿者活动始终受到社区居民的社区意识影响，两者之间是相辅相成的关系，居民参与社区志愿者活动以及针对志愿者活动表现的接受程度由他们所拥有的社区意识程度来决定。

随着时间的推移，居民在社会事务方面对于社区的依赖已经超过了对于自己工作单位的依赖。例如更多的居民希望通过社区而不是工作单位来帮助解决房屋修理问题，解决家庭纠纷问题和邻里纠纷问题，甚至是就业问题。社区真正的本质是社区精神，是对社区的认同感和归属感，而志愿者活动和志愿精神就是要体现这种精神理念。

社会公民原有的单位意识趋于弱化，单位所有制被其他制度所取代都是社会

[①] 唐晓阳.社区管理理论与实务[M].广州：华南理工大学出版社，2010.

转型时期的重要社会现象，这样一来，每个社会成员生活的基本承担要素就是社区生活，社区组织也在我国社会结构中逐渐成为最基本也是最关键的环节，发挥最底层的社会生活单位的作用，个人的需要可以在社区的层次上获得更大的满足。

在社区建设的经营历程中，包含志愿者组织在内的社区民间组织不断地发展演变，最终成为微观的公民社会，发挥公众性的自组织机构的作用。20世纪80年代以来，我国社会经历了数次极其重大的变革，包括把政府与企业分开的改革，把政府职能与社会分开的改革，而公众自组织的建立又是一次巨大的社会变革。只有在把政府与企业分开，把政府和社会分开之后，中国才能完全完成它的经济变革和社会转型。我们必须承认，单一的计划经济和单一的市场经济都不可能解决我们在21世纪所面对的诸多问题——环境问题、社会问题等。单纯地依靠市场和依靠政府也不可能解决所有的社会问题，建立公众自组织的社会进行社区建设和建立民间组织来完善社会结构和促进社会融合，将是未来社会发展的重要选择。让公众通过自组织来完善社会，促进社会进步与发展，使得政府、市场、社会成为未来社会的三个基本的运作主体。但是，在社会力量发展壮大的历程之中，志愿者组织依然是其他因素难以取代的强大力量，借助志愿者组织这一形式，社区居民可以更直接地参与社区事务的建设和协调，更深入地投入社区的基层治理。

二、志愿服务活动及志愿组织在中国社区的发展

改革开放政策实施之后，我国开始大力推进志愿服务建设和志愿项目，最初，社区是志愿服务活动开展的主要平台。具体来讲，在20世纪80年代后期我国逐渐建立起了社会主义市场经济体制，伴随着这一具有划时代意义的进程，社区服务逐渐衍生出了我国最为初级的志愿服务活动。

1987年9月，全国城市社区服务工作座谈会在武汉召开，由民政部相关人员负责主持，会议的主要内容是部署更多形式的社区服务活动，并最终在各大城市落实，同时在服务实践当中不断摸索，打造一条具有中国特色的社会服务道路，要在我国民间大力提倡互帮互助的精神，采用灵活的服务思维，开展种类齐全、形式多样的社会服务形式，让全体居民（尤其是那些在日常生活上有困难的群体）都能公平地享受社会福利，获得必要的社会服务。

1988年，天津市基于社区服务大量开展的前提，率先推出了真正意义上的

志愿者团队，在和平区新兴街朝阳里居民区，13名奉献觉悟高、服务态度佳的居民共同组建了一支志愿服务队伍，这一事件代表着我国志愿服务已萌生了公众参与的雏形。该志愿队伍一经成立，很快便获得了所在街道办事处的鼓励，办事处人员对工作结果加以总结并广泛宣传，在全国范围内掀起了全街志愿服务活动的浪潮。

1989年3月，新兴街社区服务志愿者协会正式面世，共集中了407名会员。同年10月，杭州市民政部主持举办了首届全国社区服务经验交流会。在这次交流会中，天津市和平区新兴街道办事处介绍了他们"组织社区服务志愿者队伍，开展群众性的自我服务"的典型经验。这次会议提出在全国城市社区服务工作中，要积极推广"社区服务志愿者协会""志愿者小组"等群众性的自我服务组织形式。在本次会议结束之后，针对社区志愿活动提出的、前所未有的舆论宣传高潮在全国范围内席卷开来，社会各界的人士纷纷加入各种形式的志愿活动当中。

1994年4月，中华人民共和国民政部和中国社会工作者协会面向全社会发布了《关于进一步开展社区服务志愿者活动的通知》。通知指出，全国范围内的各级政府应该针对社区服务志愿活动落实领导工作，加强规范引导，使其尽快进入一个全新的阶段。同年10月，民政部和中国社会工作者协会又发布了《关于表彰全国社区服务先进集体和优秀社区服务志愿者的决定》，命名北京市宣武区天桥街道邻里互助协会等组织和个人为全国社区服务先进集体和全国优秀社区服务志愿者。社区服务志愿者活动在得到广大居民认同的基础上得到了大规模的推广。

在志愿者活动发展和建设的初期，我国的社区志愿者往往针对一些比较传统的民政服务对象开展服务活动，如贫困户、孤老户、军烈属等。从这一点来看，这和其他国家的志愿活动在服务对象以及服务理念上并没有什么区别。

在我国社会的发展历程中，老年人口比例逐渐提升，老龄化的矛盾逐渐凸显，因此很多社区志愿活动都把工作重点和服务对象放在老年人群体上，同时，社区志愿者的观念也在不断革新，逐渐将工作范围拓展至更多、更详细的领域。经济的发展和社会理念的变化极大地扩张了社区成员的需求，因此社区志愿者队伍规模也在持续扩大，这样就有越来越多的潜在社区人才资源得到了有效的开发，除此之外，志愿者的服务内容也逐渐趋于多元化，承担起了越来越详细的服务项目，服务的范围和以前相比更加广泛——最初的志愿者只是为服务对象提供一些基本的生活关怀，如今志愿活动既提供物质层面的帮助，又提供精神层面的支持，服务的种类和对象也更加全面，不仅能为普通群体带来种类相对完整的社区服务，还能使一部分特殊群体的愿望和需要得到满足。

社区服务区别于其他类别的经营性服务的突出特征之一就是它的福利服务，它的目的不包括服务营利，但这并不代表当前我国所有的社区服务都是无偿性质的，一般情况下，面向社区群众提供的有偿服务都属于利润较低的低偿服务。社区服务者和被服务者应当遵循一个共同的原则，就是维系彼此之间互利共赢的奉献关系。社区服务的最终目标是促进社会效益的提升，并借助社区服务来维持社会的和谐稳定与长治久安。

当前，社区志愿者组织应该属于民政部系统的一个下属分支，社区内部的各级志愿者组织都有与之相关联的负责民政部门，不过，志愿组织的最基层依然在于两个单位：街道办事处和居民委员会，相应组织会对志愿活动工作给出指导意见和领导措施。按照2001年我国民政部门的统计结果，到目前为止，全国范围内已建立起超过6 600家社区服务志愿者组织，总共包含超过600万社区服务志愿者。

社区服务志愿者组织已经在全国范围内建立起来，许多城市的区、街道、居委会还设立了"社区志愿服务指导委员会""社区服务志愿者协会""社区服务志愿者分会""志愿服务楼院""志愿服务保护组"等组织。

在开展社区志愿服务过程中，各地大都制定了有关章程和管理办法。例如：天津市和平区社区服务志愿者协会管理办法规定："会员应履行志愿无偿为社区成员服务，每月至少两次，无特殊情况连续3个月不履行会员志愿的即视为自动退会"（《天津市和平区社区服务志愿者协会章程》）；上海市南京东路街道办事处社区服务志愿者队伍及服务项目的管理制度规定："为社区居民提供生活服务，帮助其解决突发性问题，做到一般问题及时解决，疑难问题一般不超过3天答复"。

此外，各地还纷纷吸纳广大青年志愿者积极参与社区服务活动。共青团中央自1994年始实施青年志愿者行动，其后青年志愿者队伍迅速发展壮大，围绕文明城市创建、推进城市公益服务，开展了多方面的工作。由于青年志愿者行动与社区服务志愿者活动宗旨一致，许多地方的青年志愿者积极参加当地的扶贫济困、帮孤助残、社区服务活动。

分析我国社区的演变过程以及社区志愿者队伍的壮大经历，可以总结出以下结论：无论是社区志愿者自身，抑或是社区志愿者组织，都有希望在未来呈现更加强大的潜力，因为我国社会目前还处在变化多样、日新月异的转型时期，人们的单位意识会越来越弱，单位所有制会被更加新颖的制度取代，所有的社会公民最终都要接纳并适应社区生活，社区必然会变成中国社会结构的基本组成部分，无论人们是不是能够对此产生足够清楚的意识，社区的自行管理都会成为我国社会前进的必然历史趋势之一。

三、志愿服务活动的管理

（一）志愿服务活动的相关政策法规

相关人员在管理和规划志愿服务活动时，会涉及许多不同的方面。比如：从宏观角度来看，国家社会事业发展计划和国家经济社会发展规划都是有所关联的；从客观影响来看，国家的政策走向受到国家的发展规划和发展计划的影响乃至决定，国家的法律法规的建构同样受到这些因素的指导，而志愿服务活动的顺利开展和繁荣衰败直接受到法律法规干涉；等等。

就当前的整体情况而言，虽然我国政府还没有专门制订一套系统的、多方面的志愿活动政策体系，来有效管理志愿者服务组织活动和志愿者管理，更没有出台统一且详尽的志愿法律规定，不过，在实际生活当中，无论是志愿者服务的组织还是各种志愿活动的开展，都会受到所在地区归属的地方政府部门的文件与法规的约束，提出各自的工作需要，遵守特定的要求。通常来讲，社会团体和民办的非企业单位很多都是志愿活动的倡导方和引领者，发挥着志愿载体的作用，这些单位显然都会受到相关法规的约束管理，上级部门也会针对其活动制订比较完整的法规，由国务院颁布实施的两则条例规定《民办非企业单位登记管理暂行条例》和《社会团体登记管理条例》都属于此类。

民政部门主要管理和统筹社会团体、民办非企业单位等的日常事务，至于这些单位具体的业务流程和执行，都是由各自的业务主管单位来统筹规划的，这样就构成了社会团体和民办非企业单位两重主体共同参与的管理体制。当下，我国正在针对社区志愿者组建的服务组织和组织所举办的志愿活动给予一些优惠政策，如减免税收等；共青团中央也会同各级组织部委联合，为青年志愿者的服务组织活动颁发一系列指导性文件，建立一套比较简单的管理制度；此外，我国也会对其他类型的志愿者服务组织活动予以肯定，在政策态度和社会宣传上支持志愿精神。

（二）志愿服务活动的组织管理

从微观角度来分析，志愿服务项目的设计与规划，志愿者的招募、定位和培训，志愿者的人身安全和心理健康保护，志愿者的判定和鼓励等都是志愿服务活动管理主要涉及的层面，不过，比较来说，这些事项大部分都可以归结为志愿服务组织内部的手续，至于每一个具体的志愿者服务组织，它们都会制订自己专门的章程，章程内容整体上会涵盖志愿者服务活动的每一个微观细节。

第一，志愿服务项目的设计和规划。民间组织（如志愿服务组织等）以及公共管理部门的重要任务之一，就是设计合理的志愿服务项目，在其间充分发挥志愿者的聪明才智。因为是志愿服务，不发放工资，也没有正式的工作性质，所以保证志愿者从志愿服务中获得有意义的经验和充分的认可是非常必要的，而且项目设计也不能忽视组织内部正式成员的需求。项目应该和组织目标建立起足够的匹配度，还要充分适应志愿者和志愿组织员工的动力机制及内在需求。

对于志愿者整体而言，志愿项目必须创造机会和机制来满足和优先考虑志愿者的要求，形成志愿者能够接受并激励其积极工作的机制；就志愿活动的组织者而言，志愿项目必须形成必要的行政结构和程序来保证志愿者和有关部门之间的衔接与协调。在所设计的项目中，志愿者也要能够满足组织的要求，明确所要完成的任务，明确工作的位置与要求以及是否和自己的能力相匹配，并接受与其职位有关的培训；组织者也要进行志愿者管理方面培训，学会与志愿者一起工作的技巧。同时，必须定期评估，了解志愿者和员工的努力程度，以及项目对于服务客户的影响。

第二，志愿者的招募、定位和训练。在志愿活动开始之前，组织人员必须先寻找合格的志愿人员——这些人一定要符合组织和客户的需求，这就是志愿者招募，也就是在社区或来自各界应聘者中，通过一定的流程，选拔出能够有效达成组织目标和项目目标的志愿人员。

对岗位技术性要求不高，大部分人都可以胜任，或者经过简单训练就可以胜任的工作，可以散发机构宣传品、张贴招募启事，或用大众传媒发布广告的方式招募；对技术、技能要求较高，不是经简单培训就可以胜任的工作，则需要考虑什么样的人愿意承担这样的志愿工作，在什么地方可以招募到这样的人，如何与这样的人沟通等问题。

定位是通过各种方式让志愿者了解志愿组织并适应这个组织的过程。在这个过程中，志愿组织提供给志愿者各种背景材料、信息、实际运行过程，通过这种了解，志愿者会明了他们在这个组织中如何发挥作用，如何与他人相处等。志愿者一般要了解组织机构的历史、组织结构图示、主要员工，组织机构的大事和活动年表，组织机构所设计的项目、服务的客户，以及组织机构对志愿者的管理，诸如考核、利益、培训和监督等。培训可以使志愿者为承担特殊的责任做准备，培训的方式很多，一般包括讲座、阅读、研讨、实地考察、观看录像、专题讨论、案例、角色扮演、示范等。志愿者培训的目标是让志愿者掌握具体的技术和建立工作网络。

在志愿者培训中，一般涉及两方面的内容：一是志愿者工作的一般描述，即为什么要做志愿者和为什么要完成设定的工作，什么东西不能做，在特定环境下必须做的事情等；二是志愿者的角色和责任，与什么人一起工作，自己的责任定位，他人的角色定位等。

第三，志愿者的人身安全和心理健康保护。在志愿活动的进行过程当中，无论是志愿者的人身安全，还是心理健康都应该得到足够的保护，从而尽量避免不必要的人身伤害与心理打击。

任何活动都具有一定的风险，志愿者服务活动也不例外，而且志愿者往往要面对和处理最困难、最危险的社会问题，如艾滋病、受虐的妇女儿童、保护环境、保护动物等。一旦风险被确定评估，就要制订措施来应对它们，应对措施必须在组织管理的每个阶段上得到执行，在招募、培训、监督、评估等各个阶段采取措施减少风险。例如：基于一定位置确定志愿者的资格并进行筛选，淘汰那些不合适的人；志愿组织在培训中，讲解工作程序、安全规定、规则等，告诉志愿者如何应对危机事态；等等。把志愿者评估与风险管理联系起来，成功的志愿者继续留用，不合格或拒绝履行操作规程的志愿者就被辞退。

第四，志愿者的判定和鼓励。在工作监督中，评估发挥着不可或缺的作用，它的主要意义在于使志愿者长期保持稳定的工作积极性。正式评估和非正式评估是现阶段评估工作的两种主要类型，这两种类型都是十分重要的，对于有效监督能够起到关键的作用，两者彼此之间有着密不可分的联系。

其中，正式评估乃是正式判定和评测志愿活动结果的举措，通常1年内进行1次，主要是记录并分析志愿者的优点和缺点，最终给出评价，另外，正式评估还包含针对志愿计划本身的分析评价，最终要发现计划所隐含的问题，并给出改进性的策略。

从本质上来说，非正式评估可以视为一个鼓励的程序，具体指的则是针对志愿者行为进行不定期连续查询和反馈，相比正式评估而言，非正式评估有着明显的私人特征，而且通常会耗费更多的时间，不过，这种评估方式在志愿者身上留下的影响是更深远的。鼓励就是肯定和赞赏志愿者的服务成果，目的在于帮助志愿者激发内心的喜悦感、成就感、光荣感、骄傲感。志愿者服务活动的一大基本原则就是不求回报，所以，精神激励是志愿者活动鼓励的主要形式。

参考文献

[1] 李诗隽，王德新. 社会资本视域下新时代多元化社区治理模式研究[J]. 兰州大学学报（社会科学版），2022，50（3）：77-86.

[2] 张汝立，刘帅顺. 社区治理共同体建设中的信任机制：类型、特征与再生产[J]. 求实，2022（1）：27-42；110.

[3] 高旸. 居民参与社区治理的策略选择与行动表现分析——以W市"超级网格"现象为例[J]. 城市问题，2021（12）：77-86；96.

[4] 张艳国，朱士涛. 大数据融入智慧社区建设：时代价值与现实路径[J]. 江汉论坛，2021（11）：117-124.

[5] 何绍辉. 党建引领与城市社区治理质量提升[J]. 思想战线，2021，47（6）：58-66.

[6] 宋洋. 老旧社区治理的创新之道及其内在逻辑——以北京市HC社区治理经验为例[J]. 学习与探索，2021（11）：43-50.

[7] 俞祖成，黄佳陈. 城市社区治理的困境：居民权利与义务的失衡——基于上海社区田野调查的思考[J]. 上海大学学报（社会科学版），2021，38（5）：56-67.

[8] 岳经纶，刘洋. 党建引领社区善治的逻辑——基于浙江省N街道的研究[J]. 治理研究，2021，37（5）：59-69.

[9] 许宝君. 我国城市社区治理结构转换路径及发展趋向[J]. 求实，2021（5）：58-71；111.

[10] 赵浩华. 利益分析视角下社区治理主体间的冲突及其化解[J]. 行政论坛，2021，28（4）：121-126.

[11] 孟晓玲，冯燕梅. 我国社会组织参与社区治理的模式、困境与路径[J]. 西安财经大学学报，2021，34（3）：109-118.

[12] 郭根，李莹. 城市社区治理的情感出场：逻辑理路与实践指向[J]. 华东理工

大学学报（社会科学版），2021，36（2）：121-135.

[13] 张宇栋，王奇，刘奕．"后疫情时代"社区治理中的个人数据应用：问题与策略［J］．电子政务，2021（2）：84-96.

[14] 蒲新微，衡元元．还权、赋能、归位：群众制度化参与社区治理之路［J］．南京社会科学，2021（2）：68-73.

[15] 王法硕．智能化社区治理：分析框架与多案例比较［J］．中国行政管理，2020（12）：76-83.

[16] 张翼．全面建成小康社会视野下的社区转型与社区治理效能改进［J］．社会学研究，2020，35（6）：1-19；241.

[17] 宗成峰．中国"互联网+"城市社区治理：挑战、趋势与模式［J］．城市发展研究，2020，27（10）：23-27；46.

[18] 任克强，胡鹏辉．社会治理共同体视角下社区治理体系的建构［J］．河海大学学报（哲学社会科学版），2020，22（5）：99-105；109.

[19] 杨帆，李星茹．社区治理中痕迹主义与内卷化的共因及互构［J］．甘肃行政学院学报，2020（4）：57-68+126.

[20] 胡杰成，银温泉．"十四五"时期完善城镇社区治理体制的思路与举措［J］．改革，2020（7）：55-66.

[21] 陈友华，夏梦凡．社区治理现代化：概念、问题与路径选择［J］．学习与探索，2020（6）：36-44.

[22] 刘厚金．基层党建引领社区治理的作用机制——以集体行动的逻辑为分析框架［J］．社会科学，2020（6）：32-45.

[23] 韩冬雪，胡晓迪．社区治理中的小区党组织：运作机理与治理效能——基于党、国家与社会关系的研究［J］．行政论坛，2020，27（3）：11-18.

[24] 杨秀勇，高红．社区类型、社会资本与社区治理绩效研究［J］．北京社会科学，2020（3）：78-89.

[25] 易外庚，方芳，程秀敏．重大疫情防控中社区治理有效性观察与思考［J］．江西社会科学，2020，40（3）：16-24.

[26] 曹海军，刘少博．新时代"党建+城市社区治理创新"：趋势、形态与动力［J］．社会科学，2020（3）：12-20.

[27] 李永娜,袁校卫.新时代城市社区治理共同体的建构逻辑与实现路径[J].云南社会科学,2020(1):18-23.

[28] 曹海军,鲍操.社区治理共同体建设——新时代社区治理制度化的理论逻辑与实现路径[J].理论探讨,2020(1):12-18.

[29] 陈毅,阚淑锦.党建引领社区治理:三种类型的分析及其优化——基于上海市的调查[J].探索,2019(6):110-119.

[30] 边防,吕斌.转型期中国城市多元参与式社区治理模式研究[J].城市规划,2019,43(11):81-89.